Bettina Brandstetter

Customer Relationship Management in wirtschaftlich schwierigen Zeiten

Bettina Brandstetter

Customer Relationship Management in wirtschaftlich schwierigen Zeiten

Erhalt und Ausbau von Kundenbeziehungen zur nachhaltigen Absicherung des Unternehmenserfolgs am Beispiel einer Fluglinie

Trainerverlag

Impressum/Imprint (nur für Deutschland/only for Germany)
Bibliografische Information der Deutschen Nationalbibliothek: Die Deutsche Nationalbibliothek verzeichnet diese Publikation in der Deutschen Nationalbibliografie; detaillierte bibliografische Daten sind im Internet über http://dnb.d-nb.de abrufbar.

Coverbild: www.ingimage.com

Verlag: Der Trainerverlag ist ein Imprint der
Südwestdeutscher Verlag für Hochschulschriften GmbH & Co. KG
Heinrich-Böcking-Str. 6-8, 66121 Saarbrücken, Deutschland
Telefon +49 681 37 20 271-1, Telefax +49 681 37 20 271-0
Email: info@verlag-trainer.de

Herstellung in Deutschland:
Schaltungsdienst Lange o.H.G., Berlin
Books on Demand GmbH, Norderstedt
Reha GmbH, Saarbrücken
Amazon Distribution GmbH, Leipzig
ISBN: 978-3-8417-5029-7

Imprint (only for USA, GB)
Bibliographic information published by the Deutsche Nationalbibliothek: The Deutsche Nationalbibliothek lists this publication in the Deutsche Nationalbibliografie; detailed bibliographic data are available in the Internet at http://dnb.d-nb.de.

Cover image: www.ingimage.com

Publisher: Trainerverlag
is an imprint of the publishing house
Südwestdeutscher Verlag für Hochschulschriften GmbH & Co. KG
Heinrich-Böcking-Str. 6-8, 66121 Saarbrücken, Deutschland
Phone +49 681 37 20 271-1, Fax +49 681 37 20 271-0
Email: info@verlag-trainer.de

Printed in the U.S.A.
Printed in the U.K. by (see last page)
ISBN: 978-3-8417-5029-7

Das vorliegende Werk ist meinem Mann Robert gewidmet, ohne dessen Unterstützung dieses Projekt nicht hätte stattfinden können.

INHALTSVERZEICHNIS

Inhaltsverzeichnis 3

Abbildungsverzeichnis 9

Abkürzungsverzeichnis 11

Abstract 13

1 Einleitung 15

1.1 Ausgangssituation und Problemstellung 15

1.2 Zielsetzung und Forschungsfrage 15

1.3 Methodik 16

2 Begriffsdefinition und Abgrenzung 17

2.1 Customer Relationship Management 17

2.2 Wirtschaftlich schwierige Zeiten 19

3 Grundlagen von CRM 23

3.1 Im Allgemeinen 23

3.1.1 Entwicklung 23

3.1.1.1 Veränderte Marktsituation 25

3.1.1.2 Verändertes Konsumentenverhalten 25

3.1.1.3 Kommunikationstechnologien 26

3.1.2 Einsatz 26

3.1.2.1 Kundenorientierung 27

3.1.2.2 Kundenzufriedenheit 28

3.1.2.3 Kundenbindung 28

3.1.2.4 Kundenwert 29

3.1.3 Zielsetzung 30

3.1.3.1 Profitabilität 30

3.1.3.2 Differenzierung 30

3.1.3.3 Nachhaltigkeit 31

3.1.3.4 Integration ... 31

3.2 Komponenten eines CRM-Systems ... 32

3.2.1 Analytisches CRM ... 33

3.2.1.1 Data Warehouse ... 34

3.2.1.2 Data Mining ... 34

3.2.2 Operatives CRM ... 35

3.2.2.1 Marketing Automation ... 35

3.2.2.2 Sales Automation ... 35

3.2.2.3 Service Automation ... 36

3.2.3 Kommunikatives CRM ... 36

3.3 CRM in wirtschaftlich schwierigen Zeiten ... 37

3.4 CRM in der Luftfahrtindustrie ... 38

3.4.1 Spezifische Charakteristika des Luftverkehrs ... 38

3.4.1.1 Eigenschaften des Produktes ... 38

3.4.1.2 Besonderheiten der Nachfrage ... 39

3.4.1.3 Charakteristika des Angebotes ... 40

3.4.2 Kostenstruktur und Wettbewerbsbedingungen ... 40

3.4.3 Möglichkeiten des Kundenbeziehungsmanagements ... 41

3.4.3.1 Kontakte vor dem Flug ... 42

3.4.3.2 Kontakte während des Fluges ... 43

3.4.3.3 Kontakte nach dem Flug ... 43

4 Qualitätsanforderungen des CRM ... 45

4.1 Qualität als Begriff ... 45

4.2 Objektive Qualitätsmessung ... 46

4.2.1 Expertenbeobachtung ... 47

4.2.2 Mystery Shopping ... 47

4.2.3 Dienstleistungstest ... 48

4.3 Subjektive Qualitätsdarstellung ... 49

4.3.1 Merkmalsorientierte Messung ... 49

4.3.1.1 Willingness to Pay 49
4.3.1.2 Vignettenmethode 50
4.3.1.3 Integrierte Qualitätsmessung 51
4.3.2 Ereignisorientierte Messung 51
4.3.2.1 Sequentielle Ereignismethode 52
4.3.2.2 Critical Incident Technik 52
4.3.3 Problemorientierte Messung 52
4.3.3.1 Problementdeckungsmethode 53
4.3.3.2 Frequenz Relevanz Analyse 53
4.4 Qualitätsstandards in wirtschaftlich schwierigen Zeiten 54
4.5 Qualitätsanforderungen in der Luftfahrt 55
5 Operatives CRM zur Förderung der Nachhaltigkeit 57
5.1 Kundenbindung als Erfolgsfaktor 57
5.1.1 Instrumente der Kundenbindung 57
5.1.1.1 Produktbezogener Ansatz 58
5.1.1.2 Preisbezogener Ansatz 58
5.1.1.3 Distributionsbezogener Ansatz 59
5.1.1.4 Kommunikationsbezogener Ansatz 59
5.1.1.4.1 Kundenclubs 60
5.1.1.4.2 Kundencenter 60
5.1.1.5 Servicebezogener Ansatz 61
5.1.2 Anforderungen an die Kundenbindung 61
5.1.2.1 Die Gestaltung der Anbieterseite 62
5.1.2.2 Die Gestaltung der Kundenseite 63
5.1.3 Kundenbindung in wirtschaftlich schwierigen Zeiten 64
5.1.4 Luftfahrtspezifische Instrumente der Kundenbindung 64
5.1.4.1 Aufbau von Bonus- und Vielfliegerprogrammen 64
5.1.4.2 Besonderheiten der Vielfliegerprogramme 65
5.1.4.3 Statusmeilen und Allianzen 66

5.2 Beschwerdemanagement zur Förderung der Kundenloyalität 67
5.2.1 Kundenunzufriedenheit als Ausgangspunkt 67
5.2.2 Komponenten des Beschwerdemanagements 69
5.2.2.1 Beschwerdestimulierung 69
5.2.2.2 Beschwerdeannahme 70
5.2.2.3 Beschwerdebearbeitung 70
5.2.2.4 Beschwerdereaktion 71
5.2.2.5 Beschwerdeauswertung 71
5.2.3 Beschwerdearten 72
5.2.3.1 Direkte Beschwerden 72
5.2.3.2 Indirekte Beschwerden 73
5.2.3.3 Stille Beschwerden 73
5.2.4 Beschwerdemanagement in Krisenzeiten 74
5.2.5 Internationales Beschwerdemanagement 74
5.2.5.1 Kulturelle Unterschiede im Beschwerdeverhalten 75
5.2.5.2 Kulturell angemessene Beschwerdebehandlung 75
5.2.5.3 Interkulturelle Beschwerdebehandlung in der Luftfahrt. 76
5.3 Weitere CRM-Methoden in der Luftfahrt 77
5.3.1 Data Warehouse und Data Mining im analytischen Bereich 77
5.3.2 Call Center im kommunikativen Bereich 78
6 Empirische Studie eines österreichischen Luftfahrtunternehmens 81
6.1 Das Unternehmen Austrian Airlines 81
6.2 Erhebung Expertenbefragung 82
6.3 Einsatz von CRM in der Austrian Airlines Group 84
6.3.1 Qualitätsanforderungen als Ausgangspunkt 85
6.3.1.1 Objektive Qualitätsmessung 86
6.3.1.2 Subjektive Qualitätsdarstellung 86
6.3.1.3 Auswirkungen der wirtschaftlich schwierigen Zeiten 87
6.3.2 CRM-Komponenten im operativen Bereich 88

6.3.2.1 Kundenbindung 88
6.3.2.1.1 Miles & More 89
6.3.2.1.2 Business Sales 91
6.3.2.1.3 Leisure Sales 92
6.3.2.2 Beschwerdemanagement 93
6.3.2.2.1 CRM-Tools 94
6.3.2.2.2 Besonderheiten im Konzern 94
6.3.2.2.3 Internationaler Aspekt 95
6.3.2.3 Operatives CRM in wirtschaftlich schwierigen Zeiten 96
6.3.2.3.1 Auswirkungen auf die Kundenbindung 96
6.3.2.3.2 Beschwerdemanagement in der Krise 98
6.3.3 Einsatz analytischer CRM-Instrumente 98
6.3.3.1 Miles & More Datenbank 99
6.3.3.2 Analytisches CRM im Salesbereich 100
6.3.4 Kommunikative CRM-Perspektiven 103
6.3.4.1 Call Center 104
6.3.4.2 Kommunikationsplattformen 104
6.3.5 Aspekt der Nachhaltigkeit 105
6.3.6 Kundenzufriedenheit in wirtschaftlich schwierigen Zeiten 108
6.3.6.1 Service vor und nach dem Flug 108
6.3.6.2 Service während des Fluges 109
6.4 Handlungsempfehlungen 111
7 Conclusio 113
7.1 Handlungsempfehlungen 115
7.2 Ausblick 116
8 Literaturverzeichnis 117
Anhang 131
Fragenkatalog Expertenbefragung 131
Fragenkatalog Expertenbefragung - Kurzzusammenfassung 132

Fragenkatalog Online-Passagierbefragung 136

ABBILDUNGSVERZEICHNIS

Abbildung 1: Gründe für die Entwicklung von CRM ... 24
Abbildung 2: Die „vier K" des Kundenmanagements ... 27
Abbildung 3: Komponenten eines CRM-Systems ... 33
Abbildung 4: CRM-Berührungspunkte ... 42
Abbildung 5: Bekundung von Kundenunzufriedenheit ... 68
Abbildung 6: Analytische CRM-Umgebung im Verbundvertrieb ... 100
Abbildung 7: BARACUDA Scanner ... 102
Abbildung 8: Nachhaltigkeit innerhalb der Austrian Airlines Group ... 107
Abbildung 9: Kundenzufriedenheit vor und nach dem Flug ... 109
Abbildung 10: Kundenzufriedenheit während des Fluges ... 110

ABKÜRZUNGSVERZEICHNIS

B2B	Business to Business
CIC	Customer Interaction Center
CIP	Corporate Incentive Program
CFM	Customer Feedback Management
CLP	Corporate Loyalty Program
CNR	Corporate Net Rate
CRM	Customer Relationship Management
EFQM	European Foundation for Quality Management
EU	Europäische Union
IATA	International Air Transport Assoziation
FRAP	Frequenz Relevanz Analyse von Problemen
ÖIAG	Österreichische Industrieholding Aktiengesellschaft
PPB	Partner Plus Benefit
SACP	Star Alliance Company Plus
SMS	Short Message Service
USP	Unique Selling Proposition

ABSTRACT

Customer Relationship Management in wirtschaftlich schwierigen Zeiten

Jedes Unternehmen lebt von seinen Kunden. Der Kunde ist König, da ein zufriedener Kunde eine hohe Wiederkaufsabsicht aufweist und damit den Erfolg des Unternehmens nachhaltig absichert. Um dies zu erreichen gilt es, das Kundenbeziehungsmanagement auszubauen und dadurch Kundenbindung zu etablieren, damit die Wechselbereitschaft durch Loyalität zum Unternehmen gering bleibt. Dieses Ziel anzustreben wird jedoch durch die vorherrschenden wirtschaftlich schwierigen Zeiten erschwert, da der Kostenfaktor zumeist an oberster Stelle steht. Dies wirkt sich auch innerhalb der Luftfahrtindustrie aus, welche die Krise durch harte Einschnitte spürt.

Am Beispiel eines österreichischen Luftfahrtunternehmens wird aufgezeigt, wie sich der Einsatz von Instrumenten des Customer Relationship Managements auswirkt und welche Möglichkeiten der Kundenbindung trotz der schwierigen Lage vorhanden sind, um Kundenbeziehungen zu erhalten und auszubauen. Dadurch kann der erwähnte Unternehmenserfolg nachhaltig abgesichert werden.

Customer Relationship Management in economically difficult times

Every company depends on its customers. The customer is king, as a satisfied customer shows the intention to repurchase, which helps to secure long term business success. To reach this goal it is important to expand customer relationship management (CRM) measures in order to retain customers, reducing the disposition to change the service providing company to a minimum as a result of increased customer loyalty. It is getting increasingly difficult to reach this target as the prevailing economic crisis forces companies to decrease costs, in many cases neglecting CRM. The airline industry is an example for this practice, having been hit hard by the crisis.

Using the example of an Austrian airline company this thesis illustrates the impact of the use of Customer Relationship Management-tools on the company and which possibilities to retain customers exist despite the difficult situation in which the company currently is. Furthermore it is described, how these measures result in increased customer retention rates, thus securing long term business success.

1 EINLEITUNG

1.1 Ausgangssituation und Problemstellung

Jedes Unternehmen lebt von seinen Kunden. Diese haben oberste Priorität und stellen einen wesentlichen Erfolgsfaktor für die Nachhaltigkeit des Unternehmens dar. Der Pflege der Kundenbeziehungen, dem Customer Relationship Management, CRM, wird hohe Bedeutung beigemessen und unter Implementierung diversester Instrumente des CRM in das Unternehmen eingegliedert und umgesetzt. Wie wichtig dies ist und wie gut es gelingt, zeigt sich vor allem in wirtschaftlich schwierigen Zeiten.

Ausgangssituation für die vorliegende Masterarbeit stellt die durch die vorherrschende Wirtschaftskrise ausgelöste kritische Lage vieler Unternehmen dar. Dazu zählt auch die gesamte Luftfahrtindustrie, welche dadurch in eine historische Krise geriet. Der internationale Luftfahrtverband IATA prognostiziert Verluste in Milliardenhöhe und bezeichnet dies als die schwierigste Situation, vor der die Branche je gestanden ist (vgl. Bisignani, 2009, o. S.).

Daraus lässt sich die Problemstellung ableiten, dass um den Erhalt jedes einzelnen Kunden gekämpft werden muss. Jedoch hat sich der Kundenbegriff in den letzten Jahren geändert, nicht zuletzt ausgelöst durch die vorherrschende wirtschaftliche Situation. Die Preissensibilisierung wird stärker berücksichtigt und noch vor die Loyalität zu bekannten und geschätzten Unternehmen gestellt, was diese unter Druck setzt, Kosten zu minimieren, um die Kunden zu binden und, durch Schaffung eines Zusatznutzens, zu halten. Aber auch dadurch wird die Abwanderung oder das Ausbleiben der Kunden nicht zur Gänze verhindert.

1.2 Zielsetzung und Forschungsfrage

Ziel dieser Masterarbeit ist es, einen Überblick über Methoden und Möglichkeiten zu geben, die es trotz Krisenzeiten und beschränktem Budget ermöglichen, CRM und Kundenbindung nachhaltig durchzuführen, und die Qualität so weit anzupassen, dass sie nicht zur beschriebenen Kundenabwanderung führen. Diese Thematik wird nach erfolgter Begriffsabgrenzung zunächst allgemein beleuchtet und, darauf folgend, speziell für die Luftfahrtbranche erläutert.

Der daran anschließende Teil stellt die Qualitätskriterien, welche in das CRM einfließen, dar und soll die Frage beantworten, wie weit Qualität aus Gründen der Kosteneinsparung reduziert werden kann, ohne jenen Punkt zu erreichen, bei dem die Kunden diesem Unternehmen ihr Vertrauen nicht mehr schenken. Hierbei werden die gängigsten Methoden sowohl der objektiven, als auch der subjektiven Qualitätsmessung und ihr Zusammenhang mit der Kundenzufriedenheit dargestellt.

Der nächste Abschnitt widmet sich den für die Luftfahrt essentiellen operativen CRM-Komponenten mit dem Fokus auf diverse Möglichkeiten der Kundenbindung und integriertem Beschwerdemanagement. Des Weiteren werden die Methoden des analytischen und des kommunikativen CRM hinsichtlich der Einsatzmöglichkeiten in der Luftfahrt beleuchtet.

Den Abschluss der Arbeit bildet das empirische Fallbeispiel des österreichischen Luftfahrtunternehmens Austrian Airlines Group. Experteninterviews geben Aufschluss über die Anwendungsmöglichkeiten der beschriebenen CRM-Instrumente in der Praxis des Luftverkehrsalltags. Darüber hinaus zeigt die Auswertung der Kundenbefragung den Zusammenhang zwischen den getätigten notwendigen Einsparungen und der Kundenbindung auf.

Aus dem eben beschriebenen Aufbau entwickelte sich die dieser Arbeit zu Grunde liegende Forschungsfrage:

Welche Möglichkeiten der Kundenbindung sind am Beispiel eines Luftfahrtunternehmens in wirtschaftlich schwierigen Zeiten vorhanden, um die Kunden unter Einbeziehung von CRM nachhaltig an das Unternehmen zu binden?

1.3 Methodik

Der erste Teil der Masterarbeit, welcher die Grundlagen und Systeme, sowie die Qualitätsanforderungen des CRM beschreibt, wird nach den Methoden der Hermeneutik als Literaturarbeit verfasst.

Im zweiten Teil wird zusätzlich zu den hermeneutischen Methoden die empirische Methode der Experteninterviews zur Anwendung gebracht. Als Experten werden Mitglieder des Managements entlang der Kundendienstkette innerhalb der Austrian Airlines Group herangezogen, ebenso findet die Kundensicht durch Auswertung der Online-Kundenbefragung in der vorliegenden Arbeit Berücksichtigung.

Aus Gründen der Vereinfachung beziehen sich alle im Text verwendeten geschlechtsspezifischen Wortformen sowohl auf die männliche, als auch auf die weibliche Form, auch wenn im Folgenden nur die männliche Form genannt wird.

2 BEGRIFFSDEFINITION UND ABGRENZUNG

Um in der vorliegenden Arbeit durchgängig dieselbe Begriffsinterpretation zu verwenden, werden nachstehend der Begriff des Customer Relationship Management und das Begriffsverständnis von wirtschaftlich schwierigen Zeiten definiert und abgegrenzt.

2.1 Customer Relationship Management

Die Kundenorientierung stellt für viele Unternehmen einen wichtigen Faktor des Unternehmenserfolges dar und dient gleichzeitig dazu, wesentliche Wettbewerbsvorteile zu erlangen (vgl. Plinke, 1996, S. 42f.). Dabei muss sich das Unternehmen überlegen, ob es sich auf die Rekrutierung von Neukunden spezialisiert, oder aber versucht, bestehende Kunden zu halten. Da der Anspruch der Kunden stetig steigt und Neukunden auf gesättigten Märkten nur durch aufwendige Abwerbungsbemühungen und aggressive Wettbewerbsverdrängung geworben werden können, ist dieser Ansatz sowohl mit erheblichem Zeit-, als auch Kostenaufwand verbunden. Die zeitgemäßere und kostengünstigere Variante für das Unternehmen findet sich in der Kundenbindung (vgl. Jendrosch, 2001, S. 71).

Die Kundenbindung dient dazu, dass durch Aufbau einer dauerhaften Vertrauensbeziehung die Kunden dazu veranlasst werden, wiederholt Leistungen von demselben Anbieter zu konsumieren. Daraus baut sich eine Geschäftstreue auf, die sich durch Erhöhung der Kundenzufriedenheit zeigt, welche den Wechsel zur Konkurrenz erschwert (vgl. Webhofer, 2009, S. 34).

Die heutigen Kunden zeichnen sich jedoch dadurch aus, dass sie eine hohe Bereitschaft aufweisen, bereits eingegangene Geschäftsbeziehungen zu einem Unternehmen aufzulösen. Es entsteht daraus die Notwendigkeit, diese Entwicklung umzukehren, da die Profitabilität der Kunden mit der Dauer ihrer Beziehung zum Unternehmen steigt (vgl. Stauss, 2000, S. 451). Die große Auswahl an Produkten und Dienstleistungen und die dadurch entstehende Konkurrenz am Markt fördern diesen Wechsel und fordern die Unternehmen zusätzlich auf, diesen durch Kundenbeziehungserhalt und -ausbau abzuwenden, um den geschäftlichen Erfolg nachhaltig abzusichern (vgl. Zingale, Arndt, 2002, S. 40).

Um die beschriebene Kundenbindung erfolgswirksam umzusetzen, bedarf es einer konsequenten Ausrichtung des Unternehmens auf seine Kunden und die damit verbundene Gestaltung der Prozesse. Diese als Customer Relationship Management, CRM, bezeichnete kundenorientierte Unternehmensphilosophie wird mit Hilfe moderner Informations- und Kommunikationstechnologien umgesetzt, um nachhaltig profitable Kundenbeziehungen aufzubauen und zu festigen, indem ganzheitliche und differenzierte Konzepte des Marketingbereiches, des Vertriebes, der Distribution und des Services verwendet werden (vgl. Hippner, Wilde, 2002, S. 6). Das Interesse liegt dabei vorrangig auf all jenen Unternehmensbereichen, die im direkten Kundenkontakt stehen (vgl. Schumacher, Meyer, 2004, S. 16).

Der Begriff CRM stellt somit nicht allein die technologische Komponente und Software eines Unternehmens dar, vielmehr wird die umfassende, kundenfokussierte Unternehmensstrategie in die Betrachtungen miteinbezogen (vgl. Hubschneider, 2007, S. 12).

Aus oben Erwähntem ergibt sich, dass sich CRM mit zwei zentralen Bereichen beschäftigt. Einerseits wird bei der Implementierung von CRM in das Unternehmen der Einsatz von integrierten Informationssystemen verlangt, da eine ganzheitliche und differenzierte Kundenbetreuung nur durch die Zusammenführung aller Kommunikationskanäle und kundenbezogenen Informationen ermöglicht wird (vgl. Hippner, Wilde, 2002, S. 6). Andererseits steht CRM auch für eine Neuausrichtung aller Verantwortlichkeiten und Geschäftsprozesse auf den Kunden hin und führt somit zu einer neu ausgerichteten Unternehmensstrategie, um den Wettbewerbsvorteil umsetzen zu können (vgl. Zineldin, 2006, S. 430).

Die Gestaltung der Beziehungen zu den jeweiligen Interessensgruppen eines Unternehmens steht im Mittelpunkt des CRM-Fokus, wobei nicht nur die Kunden per se, sondern auch Mitarbeiter, Lieferanten und Kapitalgeber miteinbezogen werden können. Hierbei gilt es, den Gestaltungsprozess so aufzubauen, zu erhalten und zu erweitern, dass die unterschiedlichen Beziehungen für das Unternehmen selbst profitabel sind (vgl. Terlutter, Kricsfalussy, 2006, S. 635).

Zusammenfassend wird die Bedeutung eines ganzheitlichen CRM dargestellt als (vgl. Stokburger & Pufahl, 2002, S. 11):

- Customer: Die Bedürfnisse der internen und externen Kunden müssen von allen Mitarbeitern eines Unternehmens getragen werden und sowohl die gezielte Ansprache, als auch die Gestaltung der Produkte danach ausgerichtet werden.
- Relationship: Das Unternehmen muss den Aufbau und die langfristige Pflege der Beziehung zu den profitablen Kunden mit Hilfe der dafür zuständigen Mitarbeiter effizient gestalten.
- Management: Interaktionen zwischen Kunden und Mitarbeitern müssen von der Unternehmensleitung in Einklang mit den langfristigen Unternehmenszielen gesteuert werden.

Die Arbeitsdefinition der vorliegenden Masterarbeit wird auf die Darstellung von CRM in dienstleistungsorientierten Unternehmen beschränkt und spezialisiert sich nicht vorrangig auf die technologieunterstützten CRM-Methoden, sondern auf die dahinterstehende Unternehmensphilosophie mit allen nachhaltigen Implementierungen und der dafür notwendigen Neuausrichtung der Unternehmensstrategie. Als Beispiel wird immer wieder auf die Luftfahrt verwiesen.

2.2 Wirtschaftlich schwierige Zeiten

Mit dem Begriff „wirtschaftlich schwierige Zeiten“ ist für ein Unternehmen der Begriff „Krisenzeiten“ eng verbunden. Diese werden als ungewollte und ungeplante Prozesse von mehr oder weniger begrenzter Dauer definiert, deren Beeinflussbarkeit und Ausgang ambivalent verläuft. Für das Unternehmen bedeutet dies die Möglichkeit, den Fortbestand substanziell und nachhaltig durch Beeinträchtigung oder Verfehlung von essentiellen Unternehmenszielen zu gefährden oder unmöglich zu machen (vgl. Krystek, 1987, S. 6f.).

Für diese Krisenzeiten kann es zwei mögliche Ursachen geben. Auf der einen Seite kommt es zu Krisen durch exogene Einflussfaktoren. Sie wirken von außen auf ein Unternehmen ein und können von diesem nicht beeinflusst werden. Dazu zählen zum einen Naturkatastrophen, Kriege, Terrorakte und Verknappung von Rohstoffen, zum anderen aber auch ökonomische Phänomene, wie starke Konjunkturschwankungen und dadurch oftmals ausgelöst, schwere Wirtschaftskrisen (vgl. Klein, 2008, S. 23f.).

Auf der anderen Seite findet man endogene Einflussfaktoren, welche durch das Unternehmen selbst beeinflussbar sind. Diese stehen in Zusammenhang mit der Rechtsform, der Branche und der Unternehmensgröße, aber auch Fehler auf der Managementebene werden zu dieser Art von Faktoren gezählt (vgl. Trauboth, 2002, S. 19).

Der ungleichmäßige Verlauf von wirtschaftlichem Wachstum in Form von Zyklen zeigt, dass es nicht nur zu normalen Auf- und Abschwüngen kommen kann, sondern ebenfalls zu schweren Einbrüchen durch Rezession. Diese kann den Beginn einer langen Phase, geprägt durch wirtschaftliche Stagnation, darstellen, wodurch jahrelange Entwicklungserfolge innerhalb kurzer Zeit zunichte gemacht werden (vgl. Durth, Körner & Michaelowa, 2002, S. 168).

Wie die Geschichte zeigt, wurde die Weltwirtschaft bereits mehrmals durch mehr oder weniger schwierige Zeiten erschüttert.

- Allen voran ging die Weltwirtschaftskrise der 30er Jahre des vorigen Jahrhunderts, ausgelöst durch den Börsenkrach des Jahres 1929 (vgl. Krugman, 2009, S. 11f.).

- Die Krisen in den lateinamerikanischen Ländern währten über Jahre hinweg ausgelöst durch Währungskrisen, Bankenzusammenbrüche und Hyperinflation, welche durch eine instabile Regierungspolitik, abgewechselt von militärgestützten Diktatoren, gefördert wurden (vgl. Krugman, 2009, S. 42).

- Die Asienkrise des Jahres 1997 hatte ihren Ursprung in Thailand durch die Abwertung der Landeswährung Baht. Alle Stützungsversuche der Regierung waren haltlos und bereits nach wenigen Wochen verspürte man die Auswirkung dieser Krise auch in den anderen wirtschaftlich wichtigen asiatischen Ländern, wie Hongkong und Japan. Die Befürchtung einer erneuten Weltwirtschaftskrise traf jedoch nicht zu, da sich die Krise auf den asiatischen Raum begrenzen ließ (vgl. Klenner, 2006, S. 15f.).

- Nach diesen Krisen berichteten führende Wirtschaftsökonomen, dass die Konjunkturzyklen unter Kontrolle gebracht werden können und tief greifende Rezessionen nicht mehr zu erwarten seien (vgl. Krugman, 2009, S. 17f.).

- Jedoch im Sommer des Jahres 2007 begann in den USA eine Immobilienkrise, auch Subprimekrise genannt, die sich weltweit ausbreitete und sich in erlittenen Verlusten und Insolvenzen, vor allem bei Unternehmen der Finanzbranche, äußerte. Die Subprimekrise, zunächst spürbar nur bei Krediten, die an Kreditnehmer mit geringer Bonität vergeben wurden, gilt als Auslöser der anhaltenden, weltweiten Finanzkrise (vgl. Gerardi, Lehnert, Sherlund & Willen, 2009, S. 69ff.). Diese dehnte sich auch auf die Realwirtschaft aus und hatte Auswirkungen auf Arbeitsplätze, Löhne und Produktion. Der daraus resultierende Einbruch des Verbrauchervertrauens traf fast jede Branche, großteils noch anhaltend, schwer (vgl. Krugman, 2009, S. 208f.).

In der vorliegenden Arbeit werden unter dem Begriff „wirtschaftlich schwierige Zeiten“ die exogenen Einflussfaktoren der gegenwärtigen Wirtschaftskrise und ihre Auswirkungen auf das Kundenverhalten in der Realwirtschaft beschrieben.

3 GRUNDLAGEN VON CRM

Da sich der Absatzmarkt in den letzten Jahren einer starken Veränderung unterzogen hat, ist es für Unternehmen nicht mehr zielführend, eine rein produktbezogene Absatzpolitik durchzuführen. Die persönliche Kundenansprache rückt in den Mittelpunkt und eine Bindung der Kunden an das Unternehmen wird als notwendig erachtet. Um diesen Anforderungen gerecht zu werden, ist eine Implementierung von CRM in das Unternehmen notwendig (vgl. Hippner & Wilde, 2002, S. 5f.). Um die Thematik in den folgenden Kapiteln leichter verstehen zu können, ist es von Bedeutung, die Grundlagen des CRM vorab darzustellen.

3.1 Im Allgemeinen

Die Idee des CRM beruht auf der Erkenntnis, dass Unternehmen zur Erfolgsabsicherung auf ihre Kunden angewiesen sind, welche durch den Kauf des Produktes oder der Dienstleistung einen Nutzen erlangen. Das Management der Kunden ins Zentrum zu rücken ist mehr als nur eine Lösung durch Software. Es bedarf einer bereichsübergreifenden Unternehmensstrategie, welche auf den systematischen Aufbau und die Pflege der Kundenbeziehungen ausgerichtet ist und die Profitabilität und Dauerhaftigkeit der Beziehungen zur Aufgabe hat (vgl. Hubschneider, 2007, S. 12).

Die Entwicklung und der Einsatz von CRM sind gleichwertig wie Ziele, Nutzen und Konzepte, die damit verbunden sind.

3.1.1 Entwicklung

Basis für die Entwicklung von CRM in seiner eigentlichen Form bildete die Orientierung weg vom Produkt, hin zu den Kunden, welche in den achtziger und neunziger Jahren erfolgte (vgl. Ergenzinger & Thommen, 2005, S. 54). Weitere wichtige Auslöser für die Entwicklung waren die Veränderungen der gesamten Marktsituation im Konsumentenverhalten und nicht zuletzt in den Kommunikationstechnologien (vgl. Holland, 2004, S. 10).

Abbildung 1 fasst die Gründe der Entwicklungen von CRM in den wichtigsten Sparten zusammen.

Veränderte Marktsituation	• Gesättigte Märkte • Verstärkter Wettbewerbsdruck • Globalisierung • Kooperation und Konzentration • Markttransparenz durch neue Kommunikationstechnologien • Fehlende USP´s
Verändertes Konsumentenverhalten	• Demografische Verschiebungen • Preis- und Qualitätsbewusstsein • Gestiegener Informationsstand • Wertewandel • Hybrider Verbraucher • Versorgung- und Erlebniskauf • Individualisierung und Differenzierung • Wachsende Informationsüberlastung • Abbau von Dissonanzen • Aufbau und Sicherung von Beziehungen
Kommunikationstechnologien	• Steigende Akzeptanz und Nutzung neuer Kommunikationstechnologien • Internet-Entwicklung • Direktvertrieb • E-Commerce Quelle: Wessling, 2001, S. 20

Abbildung 1: Gründe für die Entwicklung von CRM

3.1.1.1 Veränderte Marktsituation

Der Wettbewerbsdruck wurde durch die zunehmende Schnelligkeit der Veränderungen am Markt intensiviert. Ebenso wurden durch den Ausbau des Internets die Globalisierungstendenzen stark beschleunigt, was dazu beitrug, dass Markteintrittsbarrieren niedriger wurden und Unternehmen die Möglichkeit erhielten, ihre Produkte weltweit anzubieten. Dadurch gab man den Kunden die Gelegenheit, nicht nur bei den lokalen Anbietern Produkte zu kaufen (vgl. Holland, 2004, S. 10).

Auch die Austauschbarkeit der Angebote ist am Markt gegeben, da immer mehr Produkte um die Gunst der Konsumenten werben und sie sich oftmals nur durch geringfügige Qualitätsmerkmale unterscheiden. Der Grundnutzen ist gleich und auch ein zusätzlich geschaffener Nutzen, Unique Selling Proposition, USP, genannt, wird auf den sich veränderten Märkten als Differenzierungsmerkmal immer seltener. Hier wird durch CRM ein Ansatz geboten, durch individuelle Kundenbetreuung einen USP zu generieren (vgl. Emrich, 2008, S. 212f.).

3.1.1.2 Verändertes Konsumentenverhalten

Das Verhalten des Konsumenten hat sich durch verschiedene Einflussfaktoren, wie die demografische Verschiebung und das gesteigerte Informationsniveau, gewandelt. Einerseits durch ein zunehmendes Preis- und Qualitätsbewußtsein, andererseits durch die Akzeptanz und Nutzung neuer Kommunikationstechnologien, wie beispielsweise das Internet, ist es für die Konsumenten einfacher geworden, Vergleiche anzustellen und global zu kaufen. Auch der Wertewandel in der Gesellschaft muss in Betracht gezogen werden, ebenso wie die Veränderung des Menschen im Streben nach Selbstverwirklichung als oberstes Ziel (vgl. Holland, 2004, S. 10f.).

Die täglich wachsende Kommunikationsüberlastung über diverseste Medien lässt die Aufmerksamkeit bei den Konsumenten sinken. Um hier Wirkung erzielen zu können, muss die Information auf das individualisierte Interesse des Einzelnen ausgerichtet sein (vgl. Rojas-Méndez, Davies & Madran, 2009, S. 947f.). Es wurde ebenfalls festgestellt, dass es bei Wechsel wichtiger Lebensabschnitte zu einer Veränderung des Konsumverhaltens kommt, welche meist zu einem Zurückkehren zu alten Kaufgewohnheiten führt (vgl. Schau, Gilly & Wolfinbarger, 2009, S. 255ff.). CRM kann genau hier ansetzen und durch individuelle Kundenbetreuung für das Unternehmen von Vorteil sein (vgl. Holland, 2004, S. 11).

3.1.1.3 Kommunikationstechnologien

Ein weiterer Grund für die Entwicklung von CRM liegt in der Nutzung neuer Kommunikationstechnologien durch die Kunden. Die schnelle Internetentwicklung und, mit ihr eng verbunden die Kreation, immer neuer Vertriebswege von Produkten und Dienstleistungen über den elektronischen Weg, zwingt Unternehmen dazu, ebenfalls diesen Kanal für sich zu nutzen (vgl. Wessling, 2001, S. 20).

Durch den vermehrten Gebrauch von Computern wird nun auch der Direktvertrieb der Produkte ohne Zwischenhändler an den Endverbraucher mittels neuer Medien, wie den elektronischen Handel, E-Commerce, als Direktmarketing angeboten.

Die Verwaltung dieser Internetdaten hilft, Kundenbedürfnisse herauszufiltern und den Kundennutzen zu steigern (vgl. Lichung, Chou & Allenby, 2009, 482ff.).

3.1.2 Einsatz

Unternehmen der verschiedensten Sparten setzen CRM intern ein, um Kundenbeziehungen effektiv und effizient zu verwalten. Dabei findet die gesamte Wertschöpfungskette Berücksichtigung, indem jeder Bereich neue Erkenntnisse über die Kunden beisteuert (vgl. Stokburger & Pufahl, 2002, S. 10).

CRM greift somit in das Kundenmanagement über, welches zur Aufgabe hat, Information über alle Kunden zu sammeln, um sie nach erfolgter Registrierung bei jeder Kontaktaufnahme mit dem Unternehmen wiederzuerkennen, unabhängig vom gewählten Kommunikationskanal (vgl. Zingale & Arndt, 2002, S. 43). Dadurch ist es ebenfalls möglich, die Marktausrichtung des Unternehmens organisatorisch zu verankern, da die involvierten Tätigkeitsbereiche im Unternehmen sachadäquat koordiniert werden und somit eine Abstimmung der kundenbezogenen Besonderheiten erfolgt (vgl. Wicher, 2003, S. 316f.).

Die so gewonnenen Informationen ermöglichen das Management der Kunden, welchem unmittelbarer Einfluss auf die Profitabilität des Unternehmens und dessen Gewinn zukommt. Durch die Integration der vier wichtigsten kundenbezogenen Variablen Kundenorientierung, Kundenzufriedenheit, Kundenbindung und Kundenwert in die Unternehmensstrategie wird, wie Abbildung 2 zeigt, der Unternehmenswert positiv beeinflusst und dadurch eine nachhaltige Absicherung des Unternehmenserfolges erreicht (vgl. Töpfer & Mann, 2008, S. 37ff).

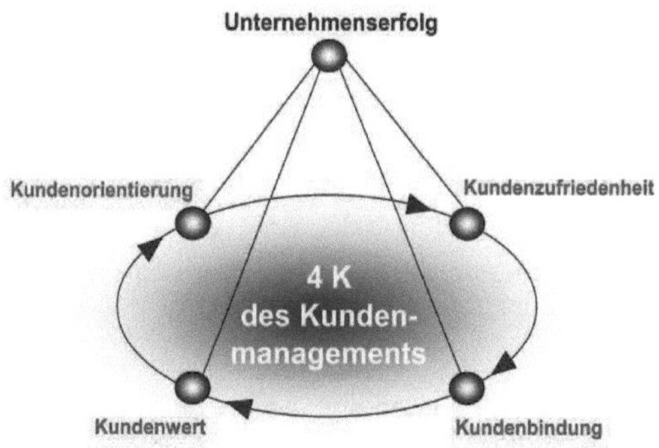

Quelle: Helm & Günter, 2006, S. 11

Abbildung 2: Die „vier K" des Kundenmanagements

3.1.2.1 Kundenorientierung

Die Kundenorientierung stellt nicht primär den Verkauf, sondern die Kunden in den Mittelpunkt des Unternehmensinteresses. Diese, unter Berücksichtigung der betrieblichen Abläufe zu optimieren, zeigt sich als entscheidender Erfolgsfaktor von CRM (vgl. Jaeck, Merzenich & Wilde, 2007, S. 55).

Die Kunden als zentrales Bezugsobjekt stellen den Anfang und das Ende jedes Kernprozesses dar (vgl. Liebmann & Zentes, 2001, S. 29). Dabei gilt das Interesse sowohl der Befriedigung tatsächlicher Kundenbedürfnisse, als auch dem Eingehen auf potentielle und zukünftige Wünsche dieser Zielgruppe. Alle Tätigkeiten im Unternehmen entlang der Wertschöpfungskette werden im Sinne dieser Orientierung an der Kundenperspektive und deren Erwartungen ausgerichtet und angepasst (vgl. Meyer, Kantsperger & Schaffer, 2006, S. 66). Wie oben beschrieben, steht auf der einen Seite die institutionelle Kundenorientierung, die auf das gesamte Unternehmen, einschließlich Systeme, Strukturen und Kultur, herunter gebrochen wird. Auf der anderen Seite herrscht die personelle Kundenorientierung vor, die insbesondere im Dienstleistungsbereich auftritt. Hierbei wird die Leistung eines Unternehmens im direkten Kontakt der Mitarbeiter mit den Kunden erstellt. Dadurch gilt das Mitarbeiterverhalten als Teil der Leistung an den Kunden und soll sich dadurch ebenfalls an deren Perspektiven orientieren (vgl. Bruhn, 2007, S. 37f.).

3.1.2.2 Kundenzufriedenheit

Der Begriff Kundenzufriedenheit kann nicht eindeutig mit Definitionen belegt werden. Vielmehr handelt es sich um eine emotionale Reaktion der Kunden auf eine unternehmerische Leistung, die in Bezug auf wirtschaftliche Austauschvorgänge das Gefühl der Zufriedenheit oder Unzufriedenheit auslöst (vgl. Scharnbacher & Kiefer, 2003, S. 5). Dieses entsteht durch den Vergleich der individuellen Erwartungen vor der Nutzung eines Produktes oder einer Dienstleistung mit der erlebten Erfahrung danach. Wird die vor der Inanspruchnahme einer unternehmerischen Leistung gebildete Vorstellung darüber, was geboten werden soll, erfüllt und die Erwartungen bestätigt, so stellt sich Zufriedenheit ein. Dies ergibt sich somit aus einem Soll-Ist-Vergleich (vgl. Kaiser, 2005, S. 46).

Feststellen lässt sich die Kundenzufriedenheit über kontinuierlich durchzuführende Messungen, die ebenfalls dazu beitragen, auf Änderungen im Kundenverhalten aktuell und schnellstmöglich einzugehen. Durch die Messungen erhält das Unternehmen Aufschluss darüber, welche Erwartungen die Kunden an dieses stellen und inwiefern es diese erfüllt oder auch übertrifft. Dabei gilt es, Zufriedenheit über die drei Gruppen der Kundenanforderungen, die Basisfaktoren, die Leistungsfaktoren und die Begeisterungsfaktoren, zu erzielen. Basisfaktoren gelten als Minimalanforderung, die nicht bemerkt werden, da sie als selbstverständlich gelten, hingegen stellen Leistungsfaktoren die grundsätzlich erwarteten Anforderungen an das Produkt oder die Dienstleistung dar. Werden diese übertroffen, so steigt auch die Zufriedenheit. Die Gruppe der Begeisterungsfaktoren zeigt jene Eigenschaften auf, die von den Kunden nicht erwartet werden und für sie den Wert der Leistung erhöht, was zu einer überproportionalen Zufriedenheit führt (vgl. Elfroth, Neckermann & Zupancic, 2006, S. 38ff.).

Die Kundenzufriedenheit führt zu einer Bereitschaft zum Wiederkauf, aber auch zur Weiterempfehlungsbereitschaft, was ein effektives und kostengünstiges Werbeinstrument darstellt und den Unternehmenserfolg langfristig unterstützt (vgl. Eggert, Helm & Garnefeld, 2007, S. 235ff.).

3.1.2.3 Kundenbindung

Die Kundenbindung dient dem Unternehmen als strategischer Erfolgsfaktor und gilt daher als wichtige Determinante des Kundenmanagements. Sie beinhaltet für das Unternehmen einerseits Profitabilitätsaspekte, welche Transaktionskosteneinsparungen und Erlössteigerungen beinhalten, andererseits auch Wachstums- und Sicherheitsaspekte, welche zu einer besseren Kundenpenetration und Markteintrittsbarrieren für Wettbewerber führen, da sich wenig Gelegenheit zum Kontakt mit gebundenen Kunden ergibt (vgl. Diller, 1996, S. 82).

Der Begriff lässt sich auf der einen Seite in eine freiwillige Bindung aufteilen, welche beinhaltet, dass der Kunde nicht wechseln will, auf der anderen Seite in eine unfreiwillige Bindung, welche aussagt, dass der Kunde nicht wechseln kann (vgl. Jaritz, 2008, S. 33).

Die Kundenbindung führt zu einer Wiederkaufsbereitschaft des Kunden, die dazu veranlasst, die Leistungen bei demselben Unternehmen wiederholt zu beziehen. Bezeichnend dafür ist sowohl die positive Verhaltensabsicht, als auch die positive Einstellung des Kunden zur Geschäftsbeziehung im Allgemeinen. Aus Unternehmenssicht gilt es, durch die Kundenbindung eine Ausweitung und Stabilisierung der Beziehungen zu den Kunden aufzubauen und für die Zukunft zu festigen (vgl. Garcia & Rennhak, 2006, S. 4).

3.1.2.4 Kundenwert

Unternehmen versuchen, gleichsam wie Kunden selbst, den Nettonutzen zu optimieren. Dabei ist es auch notwendig, den Wert der Kunden zu ermitteln und ihn als Zielgröße zu definieren, da durch ihn Entscheidungen im Sinne des Kundenmanagements ermöglicht werden. Der Kundenwert drückt den Beitrag des Kunden zum Unternehmenserfolg aus und zeigt das Umsatz- und Ertragspotential jedes Kunden auf. Die Auswertungen können unterschiedliche Aktionen zur Folge haben, wie Beendigung oder Umgestaltung unrentabler Kundenbeziehungen oder aber Investition in rentable Bestandskunden (vgl. Backhaus, Büschken & Voeth, 2003, S.168).

Die Betrachtung des Kundenwertes kann sowohl aus der Perspektive des Anbieters, als auch aus der Perspektive des Kunden, welcher ein Wertangebot des Anbieters wahrnimmt, erfolgen. Die Bestimmung des Wertes selbst erfolgt an Hand von ein- bzw. mehrdimensionalen Kundenwertmodellen, wobei erstere auf eine als besonders wichtig erachtete Größe reduziert wird, hingegen letztere die Komplexität möglicher wichtiger Wertbeiträge durch die Abbildung verschiedener Größen berücksichtigen (vgl. Eggert, 2006, S. 43ff.).

Ein im Unternehmen implementiertes CRM-System inkludiert alle wichtigen Kundeninformationen und trägt dadurch zu einer zuverlässigen Kundenwertermittlung bei (vgl. Kuhl & Stöber, 2006, S. 533f.).

3.1.3 Zielsetzung

Das grundlegende Ziel von CRM ist es, durch gesteigerte Kundenzufriedenheit und Kundenbindung den Unternehmenswert zu erhöhen und nachhaltig abzusichern. Dies kann durch verschiedene strategisch ausgerichtete Teilziele verwirklicht werden, welche etwa die Profitabilität der Kunden und die Differenzierung zu Mitbewerbern durch ein Angebot an Mehrwertdiensten oder etwa ein verbessertes Kundendatenmanagement zur Unterstützung von Langfristigkeit und Integration beinhalten (vgl. Dangelmaier, Helmke, Uebel, 2004, S. 5f.).

3.1.3.1 Profitabilität

Wie bereits unter dem Kundenwert besprochen, gilt eine strikte Fokussierung auf für das Unternehmen langfristig profitable Kunden als ein zentrales Ziel des CRM-Konzeptes und hat eine wesentlichere Bedeutung als die Erhöhung des Marktanteils. Dies ergibt sich aus der Beobachtung konsequenter Gewinnorientierung, welche besagt, dass die meisten Unternehmen mit nur wenigen Kunden großen Anteil am Gewinn erwirtschaften (vgl. Helmke, Uebel, Dangelmaier, 2008, S. 9).

Die Ausgestaltung der Geschäftsbeziehungen darf sich dabei nicht an kurzfristiger Gewinnmaximierung orientieren, sondern sollte auch diejenigen Kunden miteinbeziehen, welche ein zukünftiges Potential erkennen lassen (vgl. Rosemann, Rocheford & Behnck, 1999, S. 109).

3.1.3.2 Differenzierung

Die Differenzierung der Kundenbeziehungen zu Mitbewerbern stellt im CRM einen wesentlichen Faktor dar, der sich sowohl über die Leistungsebene mit Produkten und Dienstleistungen erstreckt, als auch die Kommunikationsebene, welche den Kundendialog beinhaltet, inkludiert (vgl. Hippner & Wilde, 2002, S. 9).

Aus der Sicht des Kunden bedeutet dies, dass die angebotenen Leistungen, ebenso wie die ausgewählte Ansprache, auf die unterschiedlichen Eigenheiten jedes einzelnen Kunden spezifisch zugeschneidert werden. Aus der Unternehmenssicht müssen die durch die kundenspezifische Ausgestaltung der

Geschäftsbeziehungen zusätzlich entstehenden Kosten durch die erwartete Profitabilität des Kunden ausgeglichen werden. Somit muss der Wert jedes einzelnen Kunden mit dem Grad der Kundenorientierung korrelieren (vgl. Werner, 2009, S. 13).

Bereits seit mehreren Jahren wird eine Differenzierung der Kundenbetreuung durch Key Account Manager unterstützt, die sich um besonders wertvolle Kunden annehmen. Die Ansprache der anderen Kunden wird vom Außendienst oder dem zentralen Vertrieb übernommen ((vgl. Engels & Smolarz , 1999 , S. 26f.).

3.1.3.3 Nachhaltigkeit

CRM soll dazu beitragen, nachhaltige Kundenbindung und dadurch eine Steigerung des Gewinns aufzubauen und umzusetzen. Nicht die Rekrutierung von Neukunden, sondern langfristige Kundenbeziehungen lassen mit zunehmender Dauer die daraus resultierenden Gewinne ansteigen (vgl. Frielitz, Martin, Wilde & Hippner, 2000, S. 8ff.). Dies ergibt sich aus der Bereitschaft des loyalen Kunden, das Unternehmen weiterzuempfehlen, aber auch andere bzw. höherwertigere Produkte desselben Anbieters zu erstehen. Diese sogenannten Folgekäufe, Cross-Selling und Up-Selling, unterstützen das Unternehmen dabei, eine nachhaltige Erfolgsabsicherung zu schaffen. Des Weiteren wird durch langfristig gesammelte Kundeninformationen ein zielgerichtetes und differenziertes Kundenprofil erstellt, das eine Reduktion sowohl von Kosten, als auch von Streuverlusten bei Marketingaktionen beinhaltet (vgl. Reichheld & Sasser, 1999, S. 140f.).

3.1.3.4 Integration

Die Umsetzung eines erfolgreichen CRM hat als eines der wichtigsten Ziele die Integration aller relevanten Kundendaten. Die Verfügbarkeit der Daten muss für alle Mitarbeiter entlang der kundenrelevanten Wertschöpfungskette gegeben sein, damit die kundenbedarfsgerechte Ansprache individualisiert möglich ist (vgl. Werner, 2009, S. 12f.).

Das erwartete Ziel der Differenzierung wird durch das Vorliegen aller wichtigen Informationen Kunden betreffend erreicht und muss in den Bereichen Marketing, Vertrieb und Service integriert sein. Dadurch wird gewährleistet, dass alle Kundenkontaktpunkte mit den erforderlichen Kundendaten versorgt sind und damit der Kunde reaktionsschnell mit allen speziellen Wünschen erkannt und bedient wird. Außerdem wird ein geschlossenes und kompetentes Auftreten vor dem Kunden widergespiegelt (vgl. Hippner & Wilde, 2002, S. 12.).

3.2 Komponenten eines CRM-Systems

Oftmals ist die Informationsgewinnung und damit verbunden die IT-Landschaft eines Unternehmens durch heterogene Insellösungen geprägt, welche jedoch keine ganzheitliche Sicht auf den Kunden gestatten. Ein integriertes CRM-System beseitigt dies und vereinfacht die Umsetzung einer kundenbindungsorientierten Unternehmensphilosophie, indem es der zentralen Aufgabe nachkommt und allen im Unternehmen an Kundenbeziehungsprozessen beteiligten Mitarbeitern notwendige Basisdaten über die Kunden zeitnah und aktuell bereitstellt. Somit wird vermieden, dass veraltete oder fehlende Informationen zu einer Störung in der Kundenbeziehung führen (vgl. Werner, 2009, S. 14). Die Verwaltung aller relevanten Kundendaten lässt sich mit der geeigneten CRM-Software bewältigen, die, im Gegensatz zu historisch gewachsenen Systemen, wie handschriftlichen Aufzeichnungen von Außendienstmitarbeitern, vollständige und aktuelle Informationen bietet, was der Umsetzung einer nachhaltigen und Erfolg versprechenden Kundenbindungsstrategie dienlich ist. Des Weiteren gilt es, einzelne Insellösungen aufzuspüren und zu einer Kundendatenbank zusammenzuführen.

Die Investition in CRM-Software ist daher besonders für Unternehmen mit einer großen Kundengruppe, die heterogene Bedürfnisse aufweisen, unerlässlich (vgl. Grabner-Kräuter & Schwarz-Musch, 2009, S. 183f.).

CRM-Systeme zeichnen sich durch eine hohe Komplexität aus. Daher werden sie in drei Aufgabenbereiche, analytisches, operatives und kommunikatives CRM, unterteilt, die zueinander in enger Beziehung stehen (vgl. Lackner, 2006, S. 8).

Abbildung 3 zeigt den Zusammenhang und das Ineinandergreifen der nachfolgend aufgezeigten Komponenten.

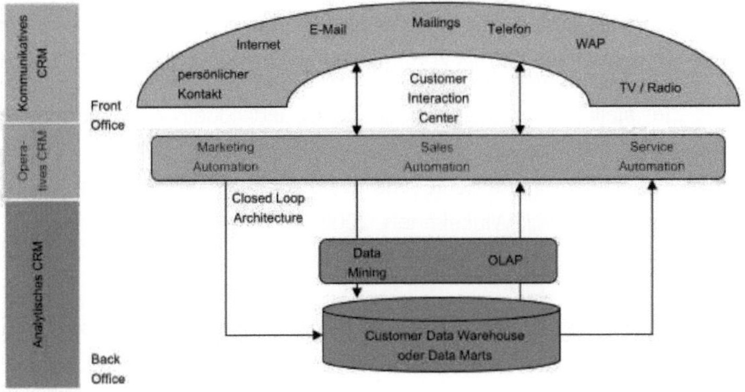

Quelle: vgl. Hippner & Wilde, 2002, S. 14

Abbildung 3: Komponenten eines CRM-Systems

3.2.1 Analytisches CRM

Das analytische CRM beinhaltet sämtliche Aktivitäten zur systematischen Aufzeichnung von Kundenreaktionen und Kundenkontakten, zur Datensammlung und –auswertung und zur kontinuierlichen Optimierung kundenbezogener Geschäftsprozesse. Bei der Analyse des Kundenverhaltens wird CRM zum lernenden System und erfüllt somit die Aufgabe der Konsolidierung sämtlicher Informationen (vgl. Kölmel & Kühner, 2007, S. 85f.). Kundenreaktionen werden systematisch dazu genutzt, die Abstimmung von Kundenkommunikation, Produkten und Dienstleistungen auf differenzierte Bedürfnisse kontinuierlich zu verbessern (vgl. Grabner-Kräuter & Schwarz-Musch, 2009, S. 185).

Analytisches CRM bietet den Vorteil, dass es präzise auf die Kundensegmente abzielt und eine wissenschaftliche Basis für das Management der Interaktionen zwischen dem Unternehmen und den Kunden aufweist. Das Verständnis für Nachfragemuster und die Profitabilität des Kunden unterstützt die positive Geschäftsbeziehung ebenso, wie die Bestimmung der Attributpräferenzen von Produkten und Dienstleistungen. Des Weiteren gilt es als Frühwarnsystem zur Aufdeckung von Risikofaktoren für Kundenunzufriedenheit (vgl. Eunjin & Byungtae, 2009, S. 155ff.).

Die durch die Auswertungen erhaltenen Erkenntnisse und Informationen bieten die Basis und Entscheidungsunterstützung in unterschiedlichster Form sowohl für das operative, als auch für das kommunikative CRM (vgl. Meyer, 2002, S. 9f.).

Als Ziel stellt sich das analytische CRM individualisierte Kundenansprache und Angebote im Bereich von Marketingkampagnen, welche, unterstützt durch unterschiedliche Instrumente wie Data Warehouse und Data Mining, erreicht werden können (vgl. Winkelmann, 2008, S. 303).

3.2.1.1 Data Warehouse

Die Aufgabe des Data Warehouses besteht darin, kundenbezogene Informationen aus den unterschiedlichsten Quellen zusammenzuführen und in eine einheitliche Systemumgebung zu integrieren. Relevante Informationsinhalte werden selektiert und aufbereitet und als Grundlage für die Differenzierung der Kundenbeziehungen für entscheidungsunterstützende Analysen bereitgestellt (vgl. Nemani & Konda, 2009, S. 293f.).

Informationen, die typischer Weise im Data Warehouse verarbeitet werden, sind Stammdaten von Interessenten und Kunden, genauso wie Kaufhistorien, Aktionsdaten, aber auch Reaktions- und Beschwerdedaten (vgl. Hippner & Wilde, 2002, S. 15).

3.2.1.2 Data Mining

Der Datenfluss und Informationsüberschuss ist in der heutigen Zeit überwältigend und nimmt immer mehr zu. Es wird durch das Vorhandensein diversester Speichermedien einfach gemacht, jede auch noch so unwichtige Information aufzuzeichnen, was das Herausfiltern wichtiger und brauchbarer Daten immer schwieriger erscheinen lässt. Data Mining bietet hier die Möglichkeit, riesige Datenmengen mit automatisierten und anspruchsvollen Methoden nach handlungsrelevanten Informationen und Geschäftserfahrungen zu durchsuchen (vgl. Witten & Frank, 2005, S. 4).

Der Prozess des Data Mining erweist sich als sehr anspruchsvoll und erfordert sowohl Wissen über Methodik, genauso wie Erfahrungen in der Auswertung und im Umgang mit Datenbanken. Es gilt, vorweg Daten auszuwerten, zu bereinigen und zu transformieren, damit die eigentliche Analyse beginnen kann. Anschließend müssen die Daten interpretiert und konsolidiert werden (vgl. Lindell & Pinkas, 2009, S. 59f.).

Die Anwendungsfelder von Data Mining sind vielfältig und reichen von Sortimentsanalysen, aus denen man Cross Selling Aktionen optimieren kann, über Kundenanalysen, die der Segmentierung und Klassifikation hinsichtlich der Profitabilität dienen und Kundenbindungsmaßnahmen ermöglichen, bis hin zu Marktreaktionsanalysen und Prognosen. Da die meisten Kundeninformationen nicht in numerischer, sondern in unstrukturierter Form vorliegen, gewinnt das so genannte Text Mining immer mehr an Bedeutung, welches eine automatische Analyse von Textdokumenten ermöglicht (vgl. Witten & Frank, 2005, S. 7ff.).

3.2.2 Operatives CRM

Aufbauend auf den analytischen Teil bietet das operative CRM Lösungen für die Bereiche Marketing-, Sales- und Service-Automation, welche im direkten Kundenkontakt stehen. Dabei werden die Interaktionen zwischen Unternehmen und Kunden und die dazu erforderlichen Geschäftsprozesse unterstützt und die Steuerung der einzelnen Kommunikationskanäle miteinbezogen. Somit erfolgt eine komplette Abdeckung administrativer, analytischer und kontaktunterstützender Aufgaben (vgl. Schnauffer & Jung, 2004, S. 17f.).

3.2.2.1 Marketing Automation

Die Marketing Automation ist verantwortlich für die Steuerung und Unterstützung der kundenbezogenen Geschäftsprozesse im Marketing, welche die Gestaltung der Kundenkontakte in den Mittelpunkt stellt. Den Kern bildet das Kampagnenmanagement, welches dem ausgewählten Kunden das richtige Informationsangebot über den geeigneten Kommunikationskanal und –stil zum perfekten Zeitpunkt vermittelt. Des Weiteren fällt die Erstellung, Verwaltung und komfortable Bereitstellung von Marketingmaterial zur Unterstützung im Kundenkontakt ebenfalls in diesen Bereich (vgl. Klawa, 2004, S. 265f.).

3.2.2.2 Sales Automation

Die Schnittstelle zwischen dem Unternehmen und den Kunden wird durch den Vertrieb verkörpert, welcher auch in der Lage ist, eine intensive Beziehung zum Kunden aufzubauen. Der persönliche Kontakt ermöglicht es, dass die Anforderungen und Erwartungen, aber auch die Bedürfnisse der Kunden erkannt werden, woraus sich oftmals auch wichtige Informationen über die Wettbewerber ergeben. Ebenso ist es hier möglich, eine individualisierte Kommunikation aufzubauen (vgl. Stein & Smith, 2009, S. 202f.).

Der direkte Kundenkontakt umfasst auch die Chance, eine handlungsorientierte Analyse der Informationen über bestehende und mögliche Kunden zu erstellen und daraus Potentiale und Akquisitionsziele herauszufiltern. Diese Analyse umfasst beispielsweise Angebote, die nicht zum Abschluss gebracht wurden, die Vormerkung von Wiederbeschaffungszeitpunkten oder die aktive Nutzung von Verkaufschancen (vgl. Winkelmann, 2003, S. 303f.).

3.2.2.3 Service Automation

Die Service Automation dient dem Servicebereich eines Unternehmens, der den Serviceinnendienst und den Kundenservice im Außendienst beinhaltet. Beim Innendienst liegt der Schwerpunkt auf der Kontaktunterstützung und Bearbeitung der vom Kunden initiierten Kontakte, beim Außendienst werden die dafür verantwortlichen Mitarbeiter bei allen administrativen Aufgaben unterstützt. Eine unterstützte Nachbearbeitung des Besuches beim Kunden kann zur Aufdeckung von Cross- und Up Selling-Möglichkeiten führen (vgl. Hippner & Wilde, 2002, S. 27f.).

Auch die Wichtigkeit des Beschwerdemanagements führt dazu, dass in diesem Bereich verstärkt Analysen durchgeführt werden, welche zu wertvollen Ergebnissen über das realisierte Serviceniveau oder auch über Verbesserungspotentiale führen. Ein gut aufgebautes Beschwerdemanagement vermittelt ebenso unternehmerische Kundenorientierung und Kompetenz, wie die Einführung eines Help Desk zur persönlichen, telefonischen oder elektronischen Beantwortung von technischen Fragen an das Unternehmen (vgl. Töpfer, 2008, S. 820).

3.2.3 Kommunikatives CRM

Alle Aktivitäten und Instrumente, die zur Unterstützung, Koordination und Steuerung der Kommunikationskanäle zwischen den Kunden und dem Unternehmen eingesetzt werden, fasst man unter dem Begriff kommunikatives CRM zusammen. Es dient der effizienten Nutzung aller Kommunikationsmöglichkeiten und Interaktionen zwischen den Geschäftspartnern und geht über den normalen Fokus der Call Center auf die Telefonie hinaus, indem es zusätzliche Kommunikationskanäle wie Internet, mobiles Internet, Email, Fax, Post oder SMS verwendet (vgl. Winkelmann, 2003, S. 303).

Der CRM-Ansatz verfolgt das Ziel der Integration und Synchronisation aller kundenorientierten Kommunikationskanäle. Der Kunde kann den für sich präferierten Kanal wählen, um das Unternehmen mit Anfragen zu erreichen. Im Gegenzug wird ihm so eine verlässliche, schnelle und kompetente Reaktion zugesichert. Zusätzlich kann durch eine Abstimmung der verschiedenen Kanäle garantiert werden, dass der Kunde nicht über mehrere Kommunikationsvarianten gleichzeitig kontaktiert wird und dieselben Informationen im Überfluss erhält (vgl. Meyer, 2002, S. 10).

Gerade diese Sparte des CRM unterliegt einem stetigen Wandel und einer Anpassung an die modernsten Kommunikationsmöglichkeiten und –kanäle. Dem Ausbau des klassischen Call Centers hin zu einem Customer Integration Center kommt dabei eine wichtige Rolle zu, ebenso wie dem klassischen und dem mobilen Internet, da diese Kanäle anpassungsfähig auf die sich schnell wandelnden Kommunikationsansprüche der Kunden reagieren (vgl. Auer, 2004, S. 56).

3.3 CRM in wirtschaftlich schwierigen Zeiten

Die vorherrschende Wirtschaftskrise veranlasst sowohl Unternehmen, als auch den Kunden selbst, die vorhandenen Ressourcen zu optimieren. Während der Kunde danach strebt, den für sich günstigsten Anbieter auszusuchen, der seine Ansprüche am umfassendsten zufriedenstellt, so ist das Unternehmen bestrebt, Kunden langfristig an sich zu binden, um die schwierigen Zeiten möglichst unbeschadet zu überstehen. Um dies umsetzen zu können, sind die Entscheidungsträger eines Unternehmens in dieser angespannten Wettbewerbssituation dazu angehalten, in den unterschiedlichsten Bereichen Wettbewerbsvorteile zu generieren, dies jedoch, wo immer möglich, ohne zusätzliches Budget aufzuwenden. Verschiedenste Instrumente des CRM können dabei unterstützend angewandt und als geeignet angesehen werden, um den Unternehmenserfolg nachhaltig abzusichern (vgl. Jack, 2009, S. 26).

In wirtschaftlichen Krisenzeiten wird aber auch Kritik an CRM-Systemen geübt. Oftmals wird ein gutes CRM-Tool in das Unternehmen eingeführt, jedoch die Prozesse an dieses nicht optimal angepasst, da auch teilweise die kundenorientierte Entwicklung im Unternehmen fehlt, was aber insgesamt eine große Auswirkung auf die Effektivität des eingesetzten Systems hat. Dieses zu optimieren stellt einen zusätzlichen Kostenfaktor dar, den Unternehmen in schwierigen Zeiten nicht gerne eingehen. Auch die Messung, welchen Effekt ein CRM-System mit sich bringt, ist nicht eindeutig abgrenzbar, was vor allem Unternehmen, welche die Einführung eines solchen planen, diese auf einen späteren Zeitpunkt verschieben lässt (vgl. Wang, Huang, Chen & Lin, 2010, S. 40ff.)

3.4 CRM in der Luftfahrtindustrie

Auch in der Luftfahrtindustrie besteht die Notwendigkeit, CRM kundenfreundlich einzuführen. Durch computergestützte Vielfliegerprogramme, welche zu einem bedeutenden Marketingwerkzeug geworden sind, lässt sich diese Strategie gut umsetzen. Lag in der Vergangenheit der Schwerpunkt der Fluggesellschaften bei der Umsetzung des CRM darin, auf der gleichen Ebene mit der Konkurrenz zu bleiben, so wurde erkannt, dass man sich durch neue Initiativen von den Mitbewerbern abheben muss. In wirtschaftlich schwierigen Zeiten kommt es in einer konkurrenzreichen Umgebung besonders zum Tragen, wenn eine Fluggesellschaft auf loyale Kunden zurückgreifen kann (vgl. Jenner, 2009, S. 42f.).

3.4.1 Spezifische Charakteristika des Luftverkehrs

Die kommerzielle Luftfahrt weist einige Besonderheiten auf, welche sie von den anderen Wirtschaftssektoren, wie der Fertigung und dem Güterbereich, abheben. Dies wird vor allem im Bereich des Marketings deutlich, ist aber auch in den Kooperationsstrategien ersichtlich. Die Unterscheidungen beziehen sich sowohl auf das Produkt selbst, als auch auf die Struktur der Nachfrage und die Produktions- und Angebotsbedingungen und muss für eine geeignete CRM-Strategie berücksichtigt werden (vgl. Pompl, 2007, S. 43).

3.4.1.1 Eigenschaften des Produktes

Bei einer Flugreise geht es vor allem darum, dass es sich um eine nicht stoffliche Dienstleistung, also um ein abstraktes Produkt handelt. Der Kunde hat vor dem Kauf weder die Möglichkeit das Produkt anzusehen, noch auszuprobieren und muss es auf Vertrauen einer ordnungsgemäßen Leistung hin beziehen. Auch ein Rückgabe- oder Austauschrecht besteht bei eventuellen Produktmängeln nicht (vgl. Roll, 2004, S. 69).

Aus der Sicht des Anbieters hat dieser keine dingliche Sicherheit an dem Produkt für den Fall, dass der Kunde einer ordnungsgemäßen Bezahlung des Kaufpreises nicht nachkommt. Anders als bei materiellen Gütern besteht hier eine Vorauszahlungspflicht. Die Luftfahrtgesellschaft gibt in diesem Fall nur ein Dienstleistungsversprechen ab, für das der Kunde zahlt, daher muss der Kunde überzeugt werden, dass die Fluggesellschaft die versprochene Leistung in der versprochenen Qualität abliefert (vgl. Jacquemin, 2006, S. 15). Ansätze hierfür sind eine Vertrauen schaffende Markenbildung, eine Demonstration des Leistungspotentials und Werbung, welche die Qualität der Leistung hervorhebt (vgl. Mimouni-Chaabane & Volle, 2010, S. 32).

Eine weitere Besonderheit liegt darin, dass eine Produktion auf Vorrat oder das Aufbewahren nicht verkaufter Leistungen unmöglich ist, da die Erstellung und der Konsum der Dienstleistung sowohl räumlich, als auch zeitlich zusammenfallen (vgl. Hannemann, 2006, S. 5).

Das Produkt Flugreise beinhaltet als Grundleistung die Beförderung einer Person vom Ausgangspunkt zum Zielort. Dabei besteht für die Fluglinien durch Einsatz des gleichen Flugzeugtyps nur eine eingeschränkte Möglichkeit der Produktdifferenzierung im Vergleich zur Konkurrenz. Jedoch treten zu dieser Grundleistung zumeist Serviceleistungen vor, während und nach dem Flug hinzu, welche die Chance zur Differenzierung bieten. Da infolge von Tarifregulierungen oftmals der Verkaufspreis bei allen Anbietern ähnlich ist, gelten diese Serviceleistungen als wichtigster Wettbewerbsparameter (vgl. Pompl, 2007, S. 44f.).

Der Bereich Sicherheit hat in der Luftfahrt höchste Priorität, und ihre Einhaltung wird von dazu befugten Aufsichtsbehörden streng kontrolliert. Dies liegt auch im Eigeninteresse der Fluggesellschaften, da ein Vorfall bei dem betroffenen Unternehmen zu einem erheblichen Nachfragerückgang führen kann (vgl. Wilson, 2009, S. 6).

3.4.1.2 Besonderheiten der Nachfrage

Das Produkt „Flugreise“ unterliegt erheblichen zeitlichen Schwankungen, die eine hohe durchschnittliche Auslastung nicht ermöglicht. Sowohl im Linien-, wie auch im Chartergeschäft gestaltet sich die Nachfrage unterschiedlich in Bezug auf die Kalendermonate und Wochentage, abhängig vom Reiseverhalten der Geschäftsreisenden und Urlauber. Unterschiedliche Bedürfnisse der verschiedenen Kundengruppen müssen Berücksichtigung finden und die Abflugzeiten so weit möglich auf diese abgestimmt werden. Saisonale Schwankungen können unter Einsatz von Marketinginstrumenten, wie Preisdifferenzierung, abgefangen und positiv umgesetzt werden (vgl. Pompl, 2007, S. 42).

Die Nachfrage aus Kundensicht soll ein Angebot an zusätzlichen Dienstleistungen enthalten, welches ein Service rund um den Flug, davor und danach beinhaltet, welches von der Fluggesellschaft selbst erbracht, angekauft oder von dieser reserviert wird (vgl. Jacquemin, 2006, S. 19).

3.4.1.3 Charakteristika des Angebotes

Da es bei den Luftverkehrsgesellschaften zu Nachfragespitzen kommt, wird das mengenmäßige Angebot an Passagierplätzen in der Kabine nach diesen ausgerichtet. Diese Sitzplatzverfügbarkeit gilt es sehr genau abzustimmen und als Wettbewerbsparameter zu sehen, da ein Kunde, der aus Platzmangel abgewiesen wird, ein neuer Kunde der Konkurrenzfluggesellschaft werden kann (vgl. Pompl, 2007, S. 48ff.).

Die Angebotsmenge kann nur bedingt durch die Fluggesellschaften beeinflusst werden, da eine vorgegebene Kabinenkonfiguration die Sitzplatzkapazität vorgibt und folglich starr ist. Nur der kurzfristige Einsatz eines anderen Flugzeugtyps ermöglicht eine Anpassung, dabei müssen aber diverse andere Parameter wie etwa die Reichweite mit eingeplant werden (vgl. Pompl, 2007, S. 48).

Der Marktzugang ist durch die Abhängigkeit von der Erteilung der Betriebs- und Streckengenehmigung bei Aufnahme des Flugbetriebes beschränkt. Es besteht daher eine geringe, organisierte Zahl an Anbietern, denen eine große und unorganisierte Zahl an Nachfragern gegenübergestellt ist (vgl. Roll, 2004, S. 75f.).

3.4.2 Kostenstruktur und Wettbewerbsbedingungen

Luftfahrtunternehmen finden in ihrer Kostenstruktur hohe Fixkosten und geringe Grenzkosten. Zu den Fixkosten zählen indirekte Kosten wie Verwaltungs-, Verkaufsorganisations- und Stationskosten im In- und Ausland, genauso wie direkte Kosten, zu denen beispielsweise Abschreibung und Technik, aber auch die Besatzungskosten, hinzugezählt werden. In Folge der Betriebspflicht kommen noch flugabhängige Kosten für Treibstoff, Start-, Lande- und Flughafengebühren sowie Reisekosten der Cockpit- und Kabinenbesatzung hinzu. Der noch verbleibende Kostenblock ist abhängig von den Passagierzahlen und somit variabel (vgl. Schertler & Tietz, 2004, S. 769f.). Die Kosten für Bordverpflegung, Passagierunfallversicherung und personenbezogene Abfertigungsgebühren für jeden Passagier zählen zu den Grenzkosten und belaufen sich nur auf einen Bruchteil der Gesamtkosten, was den Luftfahrtgesellschaften die Möglichkeit der Preisdifferenzierung eröffnet, da ein Flugpreis oberhalb der Grenzkosten einen

Deckungsbeitrag für Fixkosten und Gewinn bereitstellt. In Branchen mit geringen Grenzkosten bestimmt der harte Wettbewerb das Geschäft und kann für Unternehmen das eventuelle Ausscheiden vom Markt bedeuten (vgl. Foust, 2009, S. 19).

Am internationalen Luftverkehr beteiligte Unternehmen finden unterschiedliche Wettbewerbsbedingungen vor, die durch verschiedene Faktoren, wie variierende Marktpotentiale am Heimatmarkt, verzerrt werden. Auch das international unterschiedliche Kostenniveau, welches z.B. Lohnnebenkosten, Steuern und Flughafengebühren berücksichtigt, verursacht ungleiche Marktchancen der Wettbewerber. Daher gibt es Bestrebungen vieler Staaten, die unterschiedlichen Wettbewerbsvoraussetzungen anzugleichen, indem ein Abbau der intensiven Regulierung des Luftverkehrsmarktes stattfindet (vgl. Arnett, 2009, S. 29).

3.4.3 Möglichkeiten des Kundenbeziehungsmanagements

Im Zusammenhang mit Kundenbindung und Fluggesellschaften wird immer wieder der Begriff „Vielfliegerprogramm" zitiert. Die Kontaktpunkte zwischen den Fluglinien und den Kunden sind aber viel zahlreicher und jeder einzelne bietet die Möglichkeit, den Kunden zufriedenzustellen und dadurch eine Differenzierung von Mitbewerbern zu erreichen (vgl. Fiedler, 2009, S. 37ff.).

Während des gesamten Service-Prozesses, den ein Kunde einer Fluggesellschaft vom Ticketkauf bis hin zum Auschecken durchläuft, kommt es zu vielen Anknüpfungspunkten, wo Mitarbeiter der Fluggesellschaft gezielt mit dem Kunden in Kontakt treten und CRM einsetzbar ist. Diese Punkte können in drei Kategorien der Kontaktaufnahme, nämlich vor, während und nach dem Flug, eingeteilt werden. Abbildung 4 zeigt das Ineinandergreifen dieser einzelnen Positionen (vgl. Papperitz, 2003, S. 8ff.).

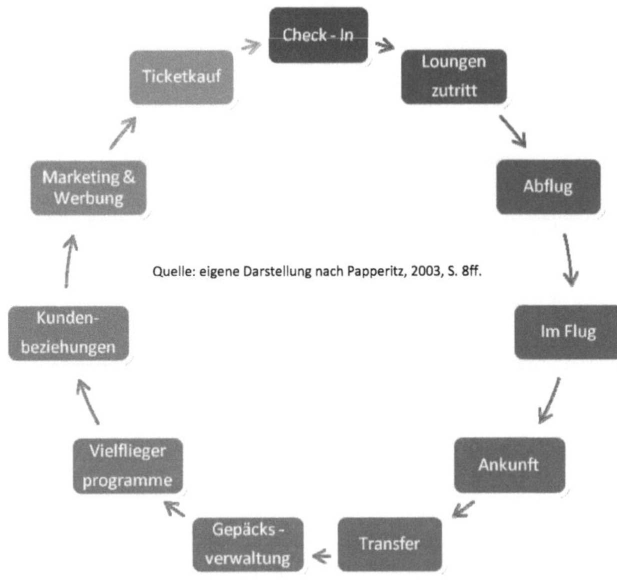

Abbildung 4: CRM-Berührungspunkte

3.4.3.1 Kontakte vor dem Flug

Zu Beginn steht oftmals eine Marketing- oder Werbekampagne der Luftfahrtgesellschaft, die darauf abzielt, den Kunden zu einem Ticketkauf zu inspirieren. Gelingt dies, so hat der Kunde die Möglichkeit, über diverse Informationskanäle Zusatzinformationen zu erhalten und das Ticket für die Leistungen der Fluglinie zu erstehen. Ob der Kunde das Internet, einen Travel Agenten, das Call Center oder andere Quellen nutzt, um die Fluggesellschaft zu kontaktieren, bleibt im Belieben des Kunden, jedoch gilt jede dieser Kontaktaufnahmen des zukünftigen Kunden als bedeutend im Sinne des CRM, da hier das Unternehmen die Chance wahrnehmen kann, wichtige Informationen, etwa über spezielle Wünsche und Präferenzen des Kunden, zu erhalten (vgl. Göbl, 2003, S. 67).

Hat der Kunde den für sich geeigneten Flug gebucht, so ist der nächste Berührungspunkt der Check-In Schalter am Flughafen bzw. der Self-Check-In

Terminal. Hier kann die Fluglinie erste zuvor gesammelte Information verwerten und dem Kunden Wünsche, wie einen Gang- oder Fenstersitz, nach seinen Präferenzen erfüllen. Dazu zählen auch eigene Check-In Schalter für Business Class- oder Vielfliegerpassagiere, welche die Wartezeit minimieren. Für langfristig profitable und loyale Kunden besteht auf den meisten Flughäfen die Möglichkeit, eine Lounge zu besuchen, die von der jeweiligen Fluggesellschaft betrieben wird, um diesen Kunden gegenüber Wertschätzung auszudrücken (vgl. Bruhn, Fuchs & Grossheutschi, 2002, S. 89ff.).

3.4.3.2 Kontakte während des Fluges

Auch während des Fluges kommt es immer wieder zu wichtigen Kontaktpunkten mit den Kunden, die dem CRM dienen. Es trägt zur Zufriedenheit bei, wenn das Boarding schnell vonstatten geht und auch der Aufenthalt an Bord sowohl vom technischen, als auch vom Servicestandard den Erwartungen entspricht bzw. diese übertrifft. Vom technischen Standpunkt setzt der Kunde das Einhalten von Sicherheitsstandards und den einwandfreien technischen Zustand voraus, sowohl den offensichtlichen Bereich in der Kabine, als auch den nicht unmittelbar sichtbaren Bereich, die Elektronik des Flugzeuges betreffend. Vom servicerelevanten Standpunkt wird vom Kunden eine freundliche und professionelle Betreuung erwartet. Die Landung selbst soll sicher und pünktlich stattfinden, damit eventuelle Anschlussflüge erreicht werden können (vgl. Piccoli, Brohman, Watson & Parasuraman, 2009, S. 367 ff.).

Jegliche Abweichung von den Erwartungen kann den Kunden unzufrieden stimmen und ihn im Sinne des CRM nicht an das Unternehmen binden, sondern dazu verleiten, zur Konkurrenz abzuwandern. Daher müssen sich die Mitarbeiter, die während des Fluges in Kontakt mit dem Kunden stehen, bewusst sein, dass sie zu jeder Zeit für das CRM verantwortlich sind (vgl. Girkinger, 2005, S. 34).

3.4.3.3 Kontakte nach dem Flug

Nach dem Flug ist es wichtig, dass das aufgegebene Reisegepäck wieder im unversehrten Zustand ankommt, da ansonsten die Fluggesellschaft zu Refundierungszahlungen verpflichtet ist, und es auf der Kundenseite zu massiven Beschwerden kommt. Auch Obsorge um die Gepäcksverwaltung fällt in den Aufgabenbereich des CRM (vgl. Girkinger, 2005, S. 35).

Ebenso sind Vielfliegerprogramme unter den Kontaktpunkten nach dem Flug einzuordnen. Diese gelten als Plattform, in der alle wichtigen Kundendaten gespeichert und jederzeit abgerufen werden können. Obwohl Vielfliegerprogramme nur einen Teil der in Abbildung 4 gezeigten CRM-Berührungspunkte darstellen, gelten sie doch als sehr wichtig, da sie zumeist dafür verantwortlich sind, dass der Kunde die Fluglinie erneut wählt, um intensiver an diesem Programm teilnehmen zu können und dadurch für das Unternehmen wertvoller zu werden (vgl. Bruning, Hu & Hao, 2009, S. 1498).

In Kapitel 5 wird auf die Kundenbindungsmöglichkeiten im Detail eingegangen, so auch auf die Vielfliegerprogramme.

Da die ausführliche Beschreibung aller CRM-Gebiete über den Rahmen dieser Arbeit hinausgehen würde, werden im Weiteren die speziell für die Luftfahrt essentiellen Themengebiete beleuchtet, welche dann in der empirischen Studie eines österreichischen Luftfahrtunternehmens den Bezug zur Praxis aufzeigen. Diese sind der Qualitätsanspruch an das CRM und seine operativen, für die Luftfahrt wichtigen, Teilgebiete der Kundenbindung und des Beschwerdemanagements.

4 QUALITÄTSANFORDERUNGEN DES CRM

Um die nachhaltige Wettbewerbsfähigkeit zu sichern, bedarf es der Entwicklung einer zentralen Erfolgsstrategie zur Erlangung bzw. Verteidigung eines Vorsprunges gegenüber der Konkurrenz. Dieser wird durch die Ausrichtung des Unternehmens hin zur Qualitätsführerschaft erreicht, wobei ein gut fundiertes Qualitätsmanagement, welches plant, implementiert und auch kontrolliert, essentiell ist (vgl. Bruhn, 2002, S. 7).

Verbindet man diese Ausrichtung nun mit den Anforderungen an das CRM, so wird deutlich, dass der Kunde nur dann mit den Leistungen des Unternehmens zufrieden ist, wenn ihm eine einwandfreie Qualität bei der Leistungsausführung geboten wird. Daher wird der Zufriedenheit des Kunden und der Qualität der gebotenen Leistung in allen Formen die zentrale Erfolgsrolle im CRM zugeschrieben. Nur so wird gewährleistet, dass die Präferenz der Nachfrager für die Angebote des Unternehmens erhalten wird (vgl. Pepels, 2008, S. 27).

Dieser wesentliche Erfolgsfaktor veranlasst dazu, das Qualitätsmanagement in der vorliegenden Masterthesis besonders hervorzuheben, um auch den Aspekt der Nachhaltigkeit mit einzubringen. Diese wird durch eine Kombination aus den gut in den Unternehmensalltag implementierten CRM und Qualitätsmanagement gefördert und abgesichert. Auch gilt in der Literatur die Qualitäts- und Zufriedenheitsmessung als Basis von CRM (vgl. Ku & Fan, 2009, S. 1407). Bezogen auf die Luftfahrtindustrie spielen genau diese beiden Faktoren eine wesentliche Rolle, vor allem gerade dann, wenn es sich um die Positionierung eines Netzwerkanbieters im Vergleich zu einer Billigfluglinie handelt.

4.1 Qualität als Begriff

Der Begriff Qualität wird vielseitig verwendet und interpretiert. Je nach Einsatzgebiet kann die Definition unterschiedlichste Formen und Ausgestaltungen entwickeln und, damit verbunden, wird die Überprüfung ebenfalls dementsprechend angepasst. In Bezug auf das dieser Arbeit zugrunde liegende Thema CRM wird Qualität oftmals als Gesamtheit der Merkmale und Eigenschaften, die einer Leistung zuzurechnen sind, bezeichnet und lässt sich dabei in die Leistungselemente als technische Dimension und die Leistungsausführung als funktionale Dimension untergliedern. Werden die erwarteten Anforderungen des Kunden erfüllt, so gilt die Leistung als qualitativ einwandfrei, wobei aus der Sicht des Nachfragers oftmals eine Qualitätsvermutung aufgestellt wird, welche durch eigene, fremde oder versprochene Erfahrungen und Aussagen geprägt wird. Wird nun die ex-ante-Erwartung mit der ex-post-Erfahrung verglichen und deckt sich diese, so entsteht beim Kunden Zufriedenheit hinsichtlich der Leistung (vgl. Pepels, 2008, S. 27f.).

In Zusammenhang mit dem Begriff Qualität muss auch immer die Zufriedenheit des Kunden mit der Leistung gesehen werden, da diese beiden einander beeinflussen. Objektiv betrachtet zeigt sie sich in hohen quantitativen Markterfolgen des Unternehmens in einer kompetitiven Umgebung. Subjektive Zufriedenheit liegt in der individuellen Interpretation des Kunden, der bestimmte Erwartungen in die Leistung setzt und somit bei Inanspruchnahme Zufriedenheit oder Unzufriedenheit begründet wird. Durch das subjektive Erleben der Leistung ist die Zufriedenheit für das Unternehmen schwer einschätzbar, jedoch sollte mittels Indikatoren versucht werden, diese trotzdem darzustellen (vgl. Stauss & Seidel, 2007, S. 59f.).

Unternehmen, welche erfolgreich am Markt agieren, weisen sowohl ein systematisch betriebenes Kundenbeziehungsmanagement, als auch ein integriertes Qualitätsmanagement auf. Der Einsatz von professionellen CRM-Instrumenten unterstützt Qualitätsmanager dabei, das Verhältnis zum Kunden aufzubauen und zu festigen. Dies empfiehlt sich gerade in wirtschaftlich schwierigen Zeiten, in denen verfügbare Budgets zur Kundenbindung immer knapper werden, und vorhandene Ressourcen effizient genützt werden müssen. Durch den Einsatz dieser Instrumente wird es erleichtert, zielgruppengerechte Maßnahmen zu ergreifen und umzusetzen. Dieser ermöglicht darüber hinaus, dass eine Transparenz hinsichtlich der diversesten Qualitätsanforderungen in den unterschiedlichen Kundensegmenten durch die nachhaltige Aufzeichnung und Pflege der Kundenbedürfnisse hergestellt wird. Durch diese Erhöhung der Qualität wird die Basis für eine Unternehmenserfolgssteigerung geschaffen, welche durch den konsequenten und nachhaltigen Einsatz der Instrumente des CRM zusätzlich gefördert wird. Damit wird der Qualitätsbegriff zu einem der wichtigsten Faktoren in der nachhaltigen Absicherung des Unternehmenserfolges (vgl. Lang & Becker, 2010, S. 24ff.).

4.2 Objektive Qualitätsmessung

Qualitätskriterien gelten dann als objektiv, wenn sie Leistungsmerkmale aufweisen, von denen das Unternehmen annimmt, dass sie den

Kundenanforderungen entsprechen und damit ebenfalls den operationalen Maßstäben, die sie in ihrer Qualität als einwandfrei auszeichnen. Dabei muss Bedacht darauf genommen werden, dass aus Kundensicht ein niedriger Preis bereits einen Indikator dafür darstellt, dass die Dienstleistung oder das Produkt von minderer objektiver Qualität ist, was aber nicht den Regelfall darstellt. Vielmehr ist es essentiell, die Produktqualität zu vermarkten und Information darüber zur Verfügung zu stellen, damit der Kunde die Wahl des für ihn geeigneten Produktes treffen kann. Dabei können verschiedenste Qualitätsansätze und Messungen helfen (vgl. Imkamp, 2009, S. 410ff.).

4.2.1 Expertenbeobachtung

Die Expertenbeobachtung zählt zu den kundenbezogenen Verfahren und dient der Analyse von Kundenkontaktsituationen und dem Prozess der Leistungserstellung, wobei offensichtliche Mängel der Dienstleistungsqualität aufgedeckt werden sollen. Geschulte Fachleute registrieren Auffälligkeiten und nutzen diese nach eingehender Untersuchung zur Verbesserung des Leistungsprozesses und der auffälligen Schwächen. Dabei werden sowohl reale Kontaktsituationen, als auch fiktive Simulationen hergenommen, um mit eigenen oder vorgegebenen Erkenntnissen verglichen und an Hand eines Punkteschemas bewertet zu werden. Als Experten werden unternehmensexterne Fachleute beauftragt, um eine Befangenheit durch betriebsinterne Mitarbeiter zu umgehen (vgl. Pepels, 2008, S. 46).

Eingeschränkt wird die Aussagekraft dieser Methode allerdings dadurch, dass durch eine angekündigte Beobachtung das Verhalten der Mitarbeiter in sowohl positivem, als auch negativem Sinn beeinflusst werden kann und dadurch die reale Situation verzerrt dargestellt wird. Auch die Verhaltensreaktion des Kunden lässt nur bedingt Rückschlüsse auf die ablaufenden Prozesse zu, da nur diese beobachtet wird, jedoch seine Einstellung verborgen bleibt. Des Weiteren ist die Wahl der geeigneten Experten ausschlaggebend für die Qualität des Endergebnisses, und dadurch ist auf diese besonderes Augenmerk zu legen. Aufwändige Nachbearbeitungen können diesen Problemen entgegentreten, jedoch sind diese mit zusätzlichen Kosten verbunden (vgl. Bruhn, 2002, S. 14).

4.2.2 Mystery Shopping

Unter der Methode des Mystery Shoppings versteht man eine weitere kundenbezogene Verfahrensweise, um die Qualität von Dienstleistungen zu überprüfen. Dabei werden für den Mitarbeiter nicht zu erkennende Testkäufer als Kunden eingesetzt, um eine reale Dienstleistungssituation auszuprobieren und dadurch Verbesserungspotential und Qualitätsmängel bei der Leistungserstellung zu erkunden, welche verschiedenste Aspekte entlang dieser, beginnend vom Service über Produkteigenschaften bis hin zur Mitarbeitermotivation, hervorheben. Außerdem besteht die Möglichkeit, durch zeitgleich durchgeführte vergleichende Beobachtungen bei der Konkurrenz Aufschlüsse aus deren Vorgehensweise zu ziehen, welche dann, ebenso wie die vorher im eigenen Unternehmen festgestellten Mängel, dem Anbieter aufgezeigt werden (vgl. Pepels, 2008, S. 46f.).

Als nachteilig hierbei wird gesehen, dass der Testkäufer die Empfindungen des echten Kunden oftmals nicht identisch nachvollziehen kann. Darüber hinaus ist die reale Beurteilung qualitativer Leistungsfaktoren nur sehr eingeschränkt möglich, da oftmals situative Umstände in diese einfließen oder unterschiedliches Verständnis zwischen den Testkäufern und den Anbietern auftritt. Trotzdem ist die Anwendung dieser Methode durchaus lohnend, wenn sie stichprobenartig durchgeführt wird und dazu dienen soll, Qualitätsmängel an Hand von Momentaufnahmen an einzelnen Kontaktpunkten aufzuzeigen (vgl. Meldau, 2007, S. 57f.).

4.2.3 Dienstleistungstest

Ausgangssituation für den Einsatz des Verfahrens des Dienstleistungstests stellt die Informationsasymmetrie zwischen dem Kunden, welcher oftmals einen geringen Erfahrungshorizont vorweist und dem Unternehmen, das innovative und unterschiedliche Dienstleistungen auf den Markt bringt, dar. Die beschriebene Situation erschwert es dem Kunden, die angebotene Leistung objektiv zu beurteilen. Daher wurde ein neutrale Test an Dienstleistungen, genauso wie an Waren durch Dritte, entwickelt (vgl. Göbl, 2003, S. 96).

Bei der Durchführung der Tests werden die Dienstleistungen auf Grundlage von Marktinformationen und Marktforschungsergebnissen, aber auch von eingehenden Beschwerden untersucht und journalistisch aufbereitet, was zumeist anhand von statistisch abgesicherten Stichproben erfolgt (vgl. Pepels, 2008, S. 61). Dabei gilt, dass aufgrund der Heterogenität von Dienstleistungen keine vorgegebenen Untersuchungsvorschriften, sondern nur innovative und auf den Einzelfall bezogene Prüfungen eingesetzt werden können, welche qualifizierte Mitglieder der Testkommission voraussetzt (vgl. Göbl, 2003, S. 96).

Auch bei dieser Methode gilt es zu beachten, dass durch die menschlichen Interaktionen, die Dienstleistungen zumeist auszeichnen, eine repräsentative Untersuchung verzerrt wird. Dies geschieht nicht zuletzt dadurch, dass Simulationen davon schwer objektiv durchführbar sind (vgl. Bruhn, 2002, S. 15).

4.3 Subjektive Qualitätsdarstellung

Die objektive Qualitätsmessung an sich würde ausreichen, wenn die Wünsche der Kunden nicht heterogen und hinsichtlich eines Angebotes differenziert wären. Dies impliziert, dass die Qualitätsauffassung auch durch subjektive Maßstäbe geprägt wird, welche allein in den Vorstellungen der Nachfrager liegen und mitunter stark voneinander abweichen kann. Auch der Markt verlangt, dass die angebotene Leistung primär dem Kunden einen Nutzen stiftet und nicht, dass sie vorweg definierten Leistungskriterien entspricht. Für die Messung der subjektiven Qualitätskriterien stehen unterschiedlichste Methoden zur Verfügung, welche sich in die Kategorien merkmals-, ereignis- und problemorientiert einteilen lassen (vgl. Pepels, 2008, S. 42ff.).

4.3.1 Merkmalsorientierte Messung

Ausgangspunkt der merkmalsorientierten Messung ist die globale Beurteilung von Qualität an Hand individueller Qualitätsmerkmale, da hierbei die Wichtigkeit aus Kundensicht aufgezeigt und die Repräsentativität für die Zielkunden gewährleistet werden kann. Diese Methode hat sich in der Praxis als geeignet für die Messung von Dienstleistungsqualität erwiesen, da eine Abbildung der Komplexität der Dienstleistungen durch den Einsatz verschiedenster Merkmale ermöglicht wird. Das ist aber nur dann durchführbar, wenn die direkte Interaktion des Kunden mit dem Unternehmen nicht allzu sehr ausgeprägt vorhanden ist, da ansonsten die Wahrnehmung der Qualität nicht ausschließlich merkmalsorientiert erfolgt. Gleichzeitig wird diese Methode aber auch kritisiert, da der Grund für die Beurteilung eines Merkmales nicht eindeutig ermittelt werden kann (vgl. Woratschek, Horbel & Popp, 2007, S. 289ff.).

4.3.1.1 Willingness to Pay

Bei diesem Ansatz handelt es sich um ein Verfahren, welches die Zufriedenheit des Kunden und, damit verbunden, seine Zahlungsbereitschaft widerspiegeln soll. Dabei wird die Zufriedenheit als Ausgangspunkt genommen und durch einen Vergleich der erhaltenen Leistung mit den dafür eingesetzten finanziellen, zeitlichen, physischen und psychischen Aufwendungen als Preis für die Leistung zur Beurteilung der Qualität durch den Kunden herangezogen (vgl. Kaiser, 2006, S. 94f.).

Der Einsatz der Willingness to Pay–Methode zeigt auf, welche Preisbereitschaft der Kunde für ein Angebot empfindet und korrespondierend damit, wie die Qualität der angebotenen Leistung wahrgenommen wird, da eine höhere Preisbereitschaft auf eine höhere Qualitätsvermutung schließen lässt. Dadurch eignet sich diese Methode auch für den Einsatz in Dienstleistungsunternehmen und ist hierbei nutzbar, wenn diese im Rahmen der Leistungspolitik verändert oder adaptiert werden sollen. Dabei lässt sich abbilden, inwiefern die Verbesserung oder Erweiterung eines Merkmales beim Kunden zu einer höheren Zahlungsbereitschaft führt (vgl. Bruhn, 2002, S. 20f.).

4.3.1.2 Vignettenmethode

Ein weiteres Konstrukt, welches der merkmalsorientierten Qualitätsmessung untergeordnet ist, stellt die Vignettenmethode dar. Bei dieser wird ein komplexes Gesamtbild in differenzierte Einzeleindrücke zerlegt, analysiert und kategorisiert, um so auf Hinweise zur Qualitätsverbesserung zu stoßen. Ausgehend von der Annahme, dass sich die Gesamtqualität einer Leistung aus der Wahrnehmung einzelner relevanter Qualitätsfaktoren zusammensetzt, stellt die Vignette eine fiktive Situation dar, welche an Hand von bestimmten Charakteristika beschrieben und vom Kunden nach Aufforderung bewertet wird. Ein Beispiel für Vignetten stellt das Auftreten der Mitarbeiter im Kundenkontakt mit allen Facetten wie Haarschnitt, Kleidung und Sprachstil dar, aus dem der Kunde subjektiv auf Sympathie und Kompetenz schließt. Damit wird das Ziel der Ermittlung von Kernfaktoren globaler Qualitätsurteile und der Analyse der Gewichtung einzelner Qualitätsattribute und deren Rangordnung erreicht (vgl. Lux, 2001, S. 30f.).

Die Vignettenmethode zeigt den persönlichen Erfahrungshintergrund des Kunden auf, welcher individuell verschieden ist und dadurch als problematisch für eine allgemeine Qualitätswertung eingeschätzt wird. Dasselbe gilt auch für die Ermittlung der Kernfaktoren, da diese persönlichen Präferenzen unterliegen und zu einem Gesamturteil zusammengefasst werden. Ein weiterer Kritikpunkt an dieser Methode ist der hohe Erhebungsaufwand, welcher nur wenige Vignetten zur Messung zulässt, da es ansonsten zu einer Überforderung der Kunden bei der Bewertung kommen kann. Durch die angeführten negativen Eigenschaften wird dieser Ansatz in der Praxis nur selten eingesetzt (vgl. Pepels, 2008, S. 34).

4.3.1.3 Integrierte Qualitätsmessung

Die Methode der integrierten Qualitätsmessung stellt ebenfalls die Theorie auf, dass die Gesamtzufriedenheit des Kunden aus einem Zusammenspiel von merkmalspezifischen Teilzufriedenheiten entsteht. Bei diesem Ansatz wird das Qualitäts- und Zufriedenheitsniveau als individuelle Einschätzung erfasst und mit den wirkungsspezifischen Einflussfaktoren auf das Kundenverhalten verbunden. Dadurch wird eine isolierte Ansicht ausgeschlossen und umfassende Verbesserungspotentiale und die Interaktion von Qualität mit Zufriedenheit und dem Kaufverhalten des Kunden aufgedeckt (vgl. Kaiser, 2005, S. 142).

Diese Messmethode kann sowohl unternehmensunabhängig, als auch unternehmensabhängig durchgeführt werden. Unternehmensunabhängig erfolgt die Messung der Zufriedenheit und der Erfolgsfaktoren eines Wirtschaftsraumes oder einer Nation branchenübergreifend mittels periodischer Kundenbefragung durch neutrale Institute. Diese Form wird auch als nationales Kundenbarometer bezeichnet, welches zunehmend auch zur unternehmensinternen Zufriedenheitsmessung herangezogen wird, hier jedoch unter Einsatz zufriedenheitsbezogener Indexsysteme. Diese Systeme ermöglichen eine genauere Untersuchung der Leistungsmerkmale eines Unternehmens, da sie auf Besonderheiten und den spezifischen Kundenstamm ausgerichtet sind. Somit dient die unternehmensunabhängige Methode der Vergleichbarkeit mit Wettbewerbern, die unternehmensabhängige hingegen lässt einen internen Vergleich verschiedener Unternehmensbereiche zu (vgl. Bruhn, 2002, S. 18f.).

4.3.2 Ereignisorientierte Messung

Der Kunde erlebt während des Prozesses der Leistungserstellung unterschiedliche Situationen, die er für sich als mehr oder weniger qualitätsrelevant wertet. Die Messung der Relevanz dieser Standard- oder Schlüsselerlebnisse dient der Informationsgewinnung, welche Phasen des Dienstleistungsprozesses vom Kunden als qualitativ wichtig eingestuft werden, was es dem Unternehmen und hier insbesondere dem Qualitätsmanagement ermöglicht, diese Bereiche aufmerksam zu verfolgen. Ereignisorientierte Messverfahren stellen somit die Kontaktpunkte zwischen Kunden und Mitarbeitern entlang der Dienstleistungskette und deren Analyse mit unterschiedlichen Methoden in den Vordergrund (vgl. Meffert & Bruhn, 2006, S. 333).

4.3.2.1 Sequentielle Ereignismethode

Die sequentielle Ereignismethode stellt ein Verfahren dar, welches ermöglicht, die qualitativen Stärken und Schwächen der bisherigen Prozesse der Leistungserstellung aufzuzeigen. Dabei wird der Dienstleistungsprozess in einzelne Phasen zerlegt und mit Hilfe eines Blueprints visualisiert, um den Verlauf der Kontakte zwischen Kunden und Unternehmen aufzuzeigen. Ziel ist es, die Kundenkontaktpunkte nach der Identifikation an Hand von offen gestellten Fragen an den Kunden zu optimieren (vgl. Göbl, 2003, S. 66f.).

Diese Messmethode zeigt die Grenze zwischen den sichtbaren und unsichtbaren Dienstleistungen, zumeist erledigt im Back Office, auf. Da für die Qualitätsbeurteilung durch den Kunden nur der sichtbare Teil herangezogen wird und dieser auf Grund seiner Wahrnehmung automatisch auf den unsichtbaren Teil schließt, sollten sich die Ansätze zur Leistungssicherung bzw. Steigerung dieser auf die sichtbare Komponente beziehen. Zur Gänze außer Acht lassen darf das Unternehmen die unsichtbaren Prozesse allerdings nicht, da diese das Grundgerüst für die weitere Leistungserstellung bilden (vgl. Pepels, 2008, S. 38).

4.3.2.2 Critical Incident Technik

Bei der Critical Incident Technik, auch kritische Ereignismessung genannt, werden die Stärken und Schwächen eines Dienstleistungsprozesses, welche der Kunde bei Leistungserstellung erlebt, auf einer stärker differenzierten Ebene, mittels der oben beschriebenen sequentiellen Methode, aufgezeigt. Diese werden durch direkte Befragung mittels standardisierten offenen Fragen ermittelt und geben Aufschluss über die positive oder negative Wahrnehmung der gebotenen Leistung aus Kundensicht (vgl. Kaiser, 2005, S. 156ff.).

Wird diese Methode eingesetzt, so wird es möglich, Bereiche entlang der Kundendienstkette zu ermitteln, die den Qualitätsansprüchen des Kunden nicht oder nur teilweise entsprechen. Genauso kann umgekehrt festgestellt werden, in welchen Bereichen das Unternehmen den Kunden gegenüber gut aufgestellt ist. Damit lassen sich die Serviceprozesse abstimmen, optimieren und Zielvereinbarungen für Bereiche mit negativem Kundenrespons definieren (vgl. Luria, Gal & Yagil, 2009, S. 156ff.).

4.3.3 Problemorientierte Messung

Die problemorientierten Messmethoden konzentrieren sich nicht auf Merkmale oder Prozesse, sondern knüpfen direkt an den Verbesserungswünschen der

Kunden an. Der Fokus wird dabei auf die Erhebung von Problemen, die zwischen Kunden und dem Unternehmen entstehen, gelegt. Dies erweist sich auch als sinnvoll, da einzelne Ereignisse, wie sie bei den vorher beschriebenen Methoden auftreten, nicht so umfassend sind. Ereignisorientierte Verfahren unterstützen im Vorfeld bei der Identifizierung von kritischen Vorfällen, welche zu Problemen führen können (vgl. Pastowski, 2004, S. 48f.).

Die systematische Erfassung von Kundenbeschwerden ist Teil der problemorientierten Methoden und gibt Aufschlüsse über problematische Bereiche entlang der Kundendienstkette. Ein Schwerpunkt wird dabei auf die Häufung von Beschwerden in einem bestimmten Zusammenhang mit Objekten oder Funktionen gelegt, da diese einen Hinweis auf mangelhafte Prozesse darstellen können (vgl. Bruhn, 2002, S. 29). Die Aspekte des Beschwerdemanagements werden in Kapitel 5 ausführlich dargestellt.

4.3.3.1 Problementdeckungsmethode

Die systematische Identifikation von Problemen kann nach der Dringlichkeit ihrer Behebung ermittelt werden. Hierfür wird die Problementdeckungsmethode angewandt, die auftretende Probleme nach deren Häufigkeit an den Kundenkontaktpunkten reiht und deren Bedeutung für die Qualität aus der Sicht des Kunden beurteilt. Dies erfolgt mittels Interviews, bei der auch gleichzeitig nach Möglichkeiten der Lösung des Problems aus Kundensicht und der Effektivität der bereits eingeleiteten Verbesserungsmaßnahmen gefragt werden kann (vgl. Pepels, 2008, S. 39f.).

Die Methode kann nur nach zuvor durchgeführter Klassifikation von Problemen durch ereignisorientierte Techniken durchgeführt werden, jedoch ist sie geeignet, um die exakte Problematik aufzudecken und dem jeweiligen Bereich zuzuordnen, auch wenn die Erhebungsmerkmale auf subjektiver Sichtweise beruhen (vgl. Chang & Yadama, 2010, S. 1049).

4.3.3.2 Frequenz Relevanz Analyse

Aus der vorher beschriebenen Problementdeckungsmethode heraus wurde die Frequenz Relevanz Analyse von Problemen, FRAP, entwickelt und dient der Erfassung einer Problemliste und der Zusammenfassung dieser in Problemcluster. Außerdem werden die Fragen geklärt, ob das Problem bereits aufgetreten ist, welche Auswirkungen es auf das Kundenverhalten ausübt und mit welchen Mitteln dem Problem entgegengetreten wird. Somit verbindet diese Analyse sowohl die

Ermittlung, als auch die Einordnung der Problemklassen in ein Bewertungssystem. Dabei geht es dem Unternehmen um eine Prioritätenfolge der Problembeseitigung, da den größten Teil der Problemrelevanz nur wenige Probleme verursachen (vgl. Bruhn, 2002, S. 27f.).

Der Einsatz dieser Methode ist dann vorteilhaft, wenn Leistungen überprüft werden, die über einen längeren Zeitraum im Programm des Unternehmens sind. Dies resultiert daraus, dass bei der FRAP die Häufigkeit des Problemauftritts erhoben wird, was bei sporadischen Angeboten nicht zielführend ist. Das Unternehmen kann auf Grund der Auftrittshäufigkeit und Bedeutsamkeit für den Kunden entscheiden, welche Probleme zuerst untersucht werden sollen (vgl. Pepels, 2008, S. 41f.).

4.4 Qualitätsstandards in wirtschaftlich schwierigen Zeiten

Unternehmen werden in Zeiten wirtschaftlicher Bedrohung dazu veranlasst, Veränderungsprozesse einzuleiten, die vordergründig Kosteneinsparungen mit sich bringen sollen. Das solide, im Unternehmen verankerte, Qualitätsmanagement kann schon im Vorfeld dazu beitragen, diesen Kostenfaktor durch Zufriedenheit des Kunden niedrig zu halten, da auf Qualitätskriterien, wie Zuverlässigkeit und, damit verbunden, eine niedrige Reklamationsrate, bereits geachtet wurde. Dies schafft gerade in wirtschaftlich schwierigen Zeiten einen Wettbewerbsvorteil und sorgt für eine Absicherung der Marktposition (vgl. Becker, 2005, S. 72).

Die Überprüfungsmethoden sowohl der objektiven, als auch der subjektiven Qualitätsmessung sind mit Kosten verbunden. Daher werden diese vom Unternehmen in Perioden, in denen gespart werden soll, oftmals als nicht notwendig eingestuft und eingespart. Dabei wird außer Acht gelassen, dass diese Messmethoden als Indikatoren dienen, wie es um das Verhältnis des Kunden mit dem Unternehmen bestellt ist und vor allem auch wie die Leistung gerade von Dienstleistungsunternehmen beim Kunden ankommt (vgl. Watson, 2009, S. 28f.).

Um das Unternehmen nachhaltig abzusichern wäre der Einsatz von zumindest je einer Messmethode der objektiven und der subjektiven Darstellung zu empfehlen, jedoch ist, wie oben beschrieben, die Kombination mehrerer Verfahren von großem Vorteil. Dies führt dazu, dass die Leistungserstellung auf die Bedürfnisse des Kunden hin abgestimmt und damit eine nachhaltige Kundenbindung geschaffen wird (vgl. Pepels, 2008, S. 54f.).

4.5 Qualitätsanforderungen in der Luftfahrt

In der Luftfahrtindustrie werden die Qualitätsanforderungen auf zwei Aspekte aufgeteilt. Auf der einen Seite ist dies die Qualität, welche die Sicherheit des Fluges in Bezug auf Technik, Wartung und Personalausbildung mit einbezieht, auf der anderen Seite ist dies die Qualität des Kundenservices. Während die eine Seite strengen rechtlichen Bestimmungen unterworfen ist und einer ständigen Kontrolle unterliegt, die jede Fluggesellschaft einhalten muss, gilt die Seite des Kundenservice als variables Kennzeichen, worin sich die Fluglinien von einander unterscheiden (vgl. Pompl, 2007, S. 24ff.).

Der eben beschriebene Unterschied in Bezug auf den Kundenservice positioniert das Flugunternehmen im Bereich des Billigflugsegments oder im Bereich des Netzwerk- und Qualitätssegments, wobei sich beide Bereiche immer mehr annähern. Da Netzwerkfluglinien nicht auf dem Preisniveau einer Billigairline produzieren können, ist es für diese wichtig, sich qualitativ zu positionieren und zu unterscheiden. Dies gilt für alle Bereiche entlang der Kundendienstkette und schließt die Kundenkontakte vor, während und nach dem Flug mit ein. Zu einem einmaligen Qualitätsmerkmal der Netzwerkfluglinien zählt das Loungenservice, welches den Stammkunden der Fluglinien zur Verfügung steht (vgl. Harvey & Turnbull, 2010, S. 230ff.).

Die Qualitätsmerkmale müssen, ebenso wie auch bei anderen Dienstleistungsunternehmen, überprüft werden. Gängige Messmethoden in der Luftfahrt stellen das Mystery Shopping auf der objektiven Seite, und, sowohl die Willingness to Pay-Methode, als auch die FRAP auf der subjektiven Seite, dar. Die vorherrschende wirtschaftliche Lage der gesamten Flugbranche zwingt die Gesellschaften allerdings dazu, nicht nur das Qualitätsprodukt an sich, sondern ebenfalls die Qualitätsprüfungen zu reduzieren bzw. in weiterer Folge ganz einzustellen. Dies erschwert es, den Punkt herauszufiltern, an dem der Kunde keine weitere Reduktion mehr hinnimmt und zur Konkurrenz, im Falle der Netzwerkfluggesellschaften zu den Billiganbietern, abwandert. Im empirischen Teil der vorliegenden Arbeit wird genauer auf diese Problematik eingegangen (vgl. Umbeck, 2009, S. 83ff.).

Im folgenden Kapitel werden die wichtigsten Erfolgsfaktoren, die Kundenbindung und das Beschwerdemanagement, dargestellt, die neben dem Qualitätsaspekt für eine Fluggesellschaft überlebenswichtig sind.

5 OPERATIVES CRM ZUR FÖRDERUNG DER NACHHALTIGKEIT

Wie eben beschrieben, wird im Folgenden nicht mehr im Detail auf alle Komponenten des CRM eingegangen, da eine Auflistung der fast unüberschaubaren Menge an Funktionalitäten der modernen CRM-Systeme den Umfang dieser Arbeit sprengen würde. Daher erfolgt eine Spezialisierung auf die Teile, welche für Dienstleistungsunternehmen, und hier speziell für Luftfahrtgesellschaften, von Bedeutung für eine nachhaltige Unternehmenserfolgsabsicherung sind. Dabei bildet sich primär die operative Komponente heraus, denn sie beinhaltet die zwei wesentlichen Teile des luftfahrtspezifischen Kundenbeziehungsmanagements. Diese beiden Bereiche der Kundenbindung und des Beschwerdemanagements unterstützen Luftfahrtunternehmen sowohl in der kompetitiven Umgebung, als auch in wirtschaftlich schwierigen Zeiten, sich zu etablieren und von der Konkurrenz zu unterscheiden (vgl. Kukat, 2005, S. 314f.).

5.1 Kundenbindung als Erfolgsfaktor

Der Aufbau eines stabilen Kundenstammes durch Bindung des Kunden an das Unternehmen, gilt als eines der obersten Ziele zur nachhaltigen Absicherung des Unternehmenserfolges und bildet eine zentrale Grundlage des operativen CRM. Die hierfür eingesetzten Instrumente der Kundenbindung werden dabei stetig überprüft und erweitert, damit ihr Erfolg auch garantiert wird (vgl. Jendrosch, 2001, S. 74).

5.1.1 Instrumente der Kundenbindung

Dem Unternehmen steht eine Vielzahl an Instrumenten zur Verfügung, welche sich nach dem klassischen Marketing-Mix systematisch einordnen lassen, um den Kunden an das Unternehmen zu binden. Dabei lassen sich sowohl produktbezogene, als auch preis- und kommunikationsbezogene, ebenso wie distributions- und servicebezogene Instrumente, unterscheiden. Es gilt, um eine ganzheitliche Betrachtung mit einzubeziehen, den wirksamen Einsatz einzelner Instrumente genauso zu analysieren wie die sinnvolle Kombination diverser Maßnahmen (vgl. Jendrosch, 2001, S. 74ff.).

Wichtige Entscheidungskriterien für den erfolgreichen Einsatz von Kundenbindungsinstrumenten sind auf der einen Seite der ökonomische Nutzen und die Durchführbarkeit für das Unternehmen, auf der anderen Seite muss auch eine Wertigkeit des Programms für den Kunden gegeben sein. Eine Unzufriedenheit des Kunden kann sich auf seine Bereitschaft zur Abwanderung auswirken, was in der heutigen Wettbewerbssituation das Unternehmen teuer zu stehen kommen kann (vgl. Athanasopoulou, 2009, S. 583ff.).

5.1.1.1 Produktbezogener Ansatz

Bei den produktbezogenen Instrumenten der Kundenbindung geht es darum, die Anforderungen des Kunden hinsichtlich des Produktes zu erfüllen. Das erfolgt mittels Personalisierung auf Basis der gesammelten Kundendaten, was zu einer gemeinsamen kundenbezogenen Produktentwicklung führt und dazu dient, dass die Präferenzen des Kunden hinsichtlich des Unternehmens aufrechterhalten werden und die Zufriedenheit dadurch gesteigert wird. Dies führt zu einer erhöhten Wiederkaufsrate und einer Cross-Selling-Wahrscheinlichkeit, was bedeutet, dass der Kunde auch andere Produkte bei demselben Unternehmen bezieht (vgl. Wirtz, 2009, S. 306f.).

Für die Gestaltung der produktbezogenen Kundenbindungsinstrumente ist es essentiell, dass sie schwer imitierbar und so persönlich wie möglich ausgeformt werden sollten, da sie die Identifizierung des Gesamtbedarfes des Kunden widerspiegeln. Neben der Aufrechterhaltung der gewohnten Standards gehört ebenfalls das auf Kundenanforderungen abgestimmte und anpassungsfähige Produktdesign zu diesem Ansatz (vgl. Jendrosch, 2001, S. 74).

5.1.1.2 Preisbezogener Ansatz

Preisbezogene Instrumente dienen dazu, die Kundenbindung zu stärken, indem sie monetäre Anreize bieten, damit der Kunde die Geschäftsbeziehung aufrecht erhält und seine Wechselbereitschaft verringert wird. Daten für die Ermittlung der kundenspezifischen Zahlungsbereitschaft lassen sich aus der Kaufhistorie ermitteln (vgl. Wirtz, 2009, S. 306).

Die offensichtlichste Bindungswirkung bieten loyalitätsabhängige Preisdifferenzierungen. Beispiele hierfür sind Treueaktionen, ebenso wie Bonus- und Rabattsysteme, aber auch Sockelpreissysteme, bei denen der Kunde einen Basisbetrag bezahlt, um darauf folgende Leistungen günstiger zu erhalten. Aber auch die Mehrproduktpreisdifferenzierung ist von großem Vorteil, und birgt vor allem Möglichkeiten hinsichtlich des Cross-Selling (vgl. Galus & Schwabe, 2008, S. 30).

5.1.1.3 Distributionsbezogener Ansatz

Bei diesen Instrumenten werden alle Distributionsaktivitäten an den Bedürfnissen des Kunden ausgerichtet und hierfür die vom Kunden bevorzugten Distributionskanäle gewählt. Auch hier gilt es, Wechselbarrieren durch Personalisierung der jeweiligen Kanäle aufzubauen, was durchaus sehr anwendungsintensiv sein kann, besonders im Bereich des Onlinevertriebes. Jedoch bringt dies auch den Zusatznutzen der individuellen und bedarfsgerechten Datenaufbereitung mit sich (vgl. Kunze, 2000, S. 55).

Eine kundenorientierte Standortwahl, Franchisesysteme oder der Fachhandel gelten ebenso als Beispiele für Absatzkanäle, wie Katalogbestellungen und Abonnements, sowie die immer mehr in den Vordergrund tretenden Onlinebestellungen. Je größer die Auswahl an Kanälen, desto leichter ist es für den Kunden, den für ihn passenden herauszufiltern (vgl. Jendrosch, 2001, S. 75).

5.1.1.4 Kommunikationsbezogener Ansatz

Bei den kommunikationsbezogenen Instrumenten gilt die Aufmerksamkeit dem Aufbau von Vertrauen zwischen Kunden und Unternehmen, indem eine personalisierte Interaktion mit dem einzelnen Kunden gesucht und stabilisiert wird. Ziel dabei ist die Entwicklung und der Erhalt der geeigneten Informationskanäle zum Austausch von Informationen zwischen den Geschäftspartnern, damit eine kontinuierliche Kommunikation aufgebaut werden kann (vgl. Verhoef, 2003, S. 33ff.).

Auch hier kann der Kunde den für sich geeigneten Kanal wählen, wobei verschiedenste Ansätze des Kommunikationsaustausches bereits bestehen. So zählen hierzu für den Kunden eigens eingerichtete Clubs, Zeitschriften und Kundenkarten. Auch Initiativen wie Telefon-, Online- und Eventmarketing werden als Kommunikationsinstrumente eingesetzt. Um eine permanente Erreichbarkeit zu bieten, werden oftmals Service- und Kundencenter eingerichtet, die eine kompetente und schnelle Hilfestellung zu gewährleisten (vgl. Wirtz, 2009, S. 306f.).

5.1.1.4.1 Kundenclubs

Bei einem Kundenclub handelt es sich um eine Vereinigung bestehender und potentieller Kunden, welche vom Unternehmen selbst initiiert und geführt wird und den Kunden sowohl die Möglichkeit von exklusiven Leistungen, als auch die Befriedigung sozialer Bedürfnisse bietet. Dabei muss man den Kundenclub von der Kundenkarte abgrenzen, die primär verbesserte Zahlungsleistungen beinhaltet, hingegen basiert der Club auf einem Bündel von Leistungen verschiedenster Art (vgl. Bernecker & Hüttl, 2008, S. 149f.).

Eigentliches Ziel dieses Clubs als Instrument des kommunikativen Kundenbindungsmanagements ist es, eine emotionale, stabile und langfristige Bindung aufzubauen und auf dieser Basis den Kunden regelmäßig zu kontaktieren und über neue Angebote zu informieren. Jedoch geht der Kundenclub über die Steigerung der Kundenbindung und damit der Schaffung eines emotionalen Mehrwertes hinaus und verfolgt ebenso die Neukundengewinnung, die Umsatzsteigerung und nicht zuletzt die Gewinnung von Daten. Diese helfen dem Unternehmen, eine Datenbank zu erstellen und damit die Grundlage eines erfolgreichen CRM-Systems zu bilden (vgl. Stauss, Chojnacki, Decker & Hoffmann, 2001, S. 7f.).

Kundenclubs bieten vorrangig nicht-monetäre Vorteile wie Informationsfindung, bessere Nutzung der Grundleistung und soziales Prestige für ihre Clubmitglieder, was sie von anderen Instrumenten der Kundenbindung unterscheidet. Dies zeigt auf, dass nicht unbedingt Preisvorteile, sondern ebenfalls emotionale und weiche Faktoren den Weg zur Kundenloyalität ebnen (vgl. Butscher & Müller, 2009, S. 398f.).

5.1.1.4.2 Kundencenter

Das Kundencenter dient in erster Linie der Unternehmenskommunikation, indem es den direkten Kontakt zum Kunden pflegt und ihn erlebnisbetont gestaltet. Des Weiteren erfüllt es auch operative Aufgaben, die sich zumeist auf die Auslieferung unternehmenseigener Produkte beschränken (vgl. Eggert, 2002, S. 145).

Ziel des Kundencenters als kommunikatives Instrument des Kundenbindungsmanagements ist es, eine kompetente und schnelle Anlaufstelle für etwaig auftretende Probleme oder Fragen zu sein. Der Kunde kann sich an das Center wenden, ohne eine Mitgliedschaft oder Ähnliches eingehen zu müssen, aber auch potentielle Kunden können sich auf diesem Weg über das

Unternehmen und seine Produkte zwanglos informieren. Von der Unternehmensseite besteht die Möglichkeit, durch den Einsatz der passenden Medien, für den Kunden greifbarer zu werden und sich positiv zu präsentieren. Auch eine individuelle Erklärung des Produktes, oder aber die sofortige Behebung von Mängeln, liegt im Kompetenzbereich des Kundencenters und hilft, den Kunden nach seinen Bedürfnissen zu unterstützen (vgl. Jansen, 2004, S. 12).

Im Kundencenter geht es speziell um die Schaffung einer angenehmen und entspannten Atmosphäre für die Unternehmenskommunikation, die es dem Kunden erleichtert, Informationen aufzunehmen und zu verwerten, was zumeist eine positive Bewertung von Produkten mit sich bringt. Der Kunde fühlt sich betreut und verstanden, was eine Wechselbereitschaft zur Konkurrenz verringert und ihn an das Unternehmen bindet (vgl. Whitt, 2006, S. 235f.).

5.1.1.5 Servicebezogener Ansatz

Servicebezogene Instrumente zielen ebenfalls auf Kundenwünsche ab und versuchen, individualisierten Service und persönlichen Zusatzservice zu den Basisprodukten zu liefern. Je nach Kundenbedürfnis kann dies von der Produktschulung über spezielle Ausbildungen bis hin zu Vor-Ort-Service und Garantien reichen (vgl. Kunze, 2000, S. 55).

Oftmals werden, vor allem im Dienstleistungsbereich, verstärkte Servicebemühungen als Differenzierungsmerkmal vom Kunden wahrgenommen. Da es allgemein als immaterielle Leistung definiert wird, gilt es als individuelle und spezielle Erlebnisform. Dabei werden die Phase des Pre-Sales-Service und die des After- Sales- Service unterschieden. Vor allem dem After-Sales-Service gilt besondere Aufmerksamkeit, da es wesentlich zur Wiederkaufsbereitschaft und damit zur Kundenbindung beiträgt (vgl. Jendrosch, 2001, S.75ff.).

5.1.2 Anforderungen an die Kundenbindung

Der Einsatz der unterschiedlichen Instrumente der Kundenbindung muss mit dem Ziel der nachhaltigen Unternehmensabsicherung abgestimmt werden. Daher versucht das Unternehmen mit den verschiedenen Kundenbindungsansätzen die Kundenloyalität zu fördern, indem es materielle und immaterielle Anreize bietet, um das Wieder- und Zusatzkaufverhalten, genauso wie das Weiterempfehlungsverhalten, positiv zu beeinflussen. Dies gilt vor allem für die Unternehmen, die in einem Markt agieren, der durch eine hohe Wechselbereitschaft geprägt ist (vgl. Van Heerde & Bijmolt, 2005, S. 443).

Sowohl die Gestaltung der Anbieterseite, als auch die der Kundenseite müssen auf die jeweiligen Bedürfnisse und den daraus resultierenden Nutzen abgestimmt werden, um eine hohe Wertigkeit des Programms bieten zu können. Dabei gilt es, die Unterschiede im Zeithorizont, im Komplexitätsgrad und in den damit verbundenen Kosten zu berücksichtigen. Auf der Seite der materiell ausgestalteten Anreize sollte die Gefahr einer schnellen Imitierbarkeit durch die Mitbewerber betrachtet werden, jedoch muss auch berücksichtigt werden, dass sich die ökonomische Kundenbindung durch sie erhöht. Immaterielle Anreize hingegen werden eingeführt, um die psychologische Kundenbindung zu stärken (vgl. Hoffmann, 2008, S. 31f.).

5.1.2.1 Die Gestaltung der Anbieterseite

Aus der Sicht des Unternehmens dienen Kundenbindungsprogramme vor allem dem Erhalt und dem Ausbau der Kundenbeziehungen. Dabei ist es dienlich, umfassende und aktuelle Kundeninformationen mit Hilfe von Kundenbindungsinstrumenten zu sammeln, um den Erwartungen des Kunden, die sich mitunter auch im Verlauf der Beziehung verändern können, gerecht zu werden. Daraus lassen sich wiederum wichtige Details im Sinne von CRM ableiten, die etwa für eine persönliche Ansprache oder kundenspezifische Leistungen benötigt werden. Monetäre und nicht-monetäre Ansätze bieten dem Kunden die Möglichkeit, einen höheren zukünftigen Nutzen oder geringere Kosten zu generieren. Analysemethoden zur Kundenbewertung auf Grund dieser Informationen helfen, die Bindung nur dann anzustreben, wenn sich die Investition in den Kunden für das Unternehmen rechnet, indem die kundenbezogenen Einzahlungsströme den Auszahlungen überlegen sind (vgl. Cramer, 2009, S. 1449).

Bei den beschriebenen Ansätzen steht immer wieder die individuelle Betreuung des Kunden im Mittelpunkt. Diese schafft persönliche Bindung und bietet dem Kunden dadurch weniger Alternativen, das Unternehmen zu wechseln, jedoch nur, wenn die gebotenen Zusatzleistungen individualisiert und schwer imitierbar gestaltet werden. Die regelmäßige Interaktion miteinander ermöglicht nicht nur die Gewinnung von wichtigen Informationen, es unterstützt auch das eigenständige Agieren bei der Einbringung von Wünschen und Beschwerden (vgl. Bruhn, Lucco & Wyss, 2008, S. 221f.).

Durch die Integration des Kunden in Unternehmensprozesse zeigt das Unternehmen Interesse daran, dass dieser verschiedenste interne und externe

Abläufe mitgestaltet. Der Kunde selbst kann Art, Qualität und Intensität der Integration durch seine Bereitschaft des Mitwirkens selbst bestimmen. Je stärker sich die Zusammenarbeit zwischen Unternehmen und Kunde aufbaut, desto zahlreicher treten Schnittstellen auf, die oftmals nicht von einer Abteilung allein gestaltet werden können. Der Aufbau eines Kundencenter unterstützt dabei und zeigt, dass die Kundenorientierung im Unternehmen verankert wurde (vgl. Moeller, 2008, S. 197ff.).

Für das Unternehmen ist es darüber hinaus essentiell, moderne Informations- und Kommunikationstechnologien einzusetzen, um die Voraussetzung für eine erfolgreiche Implementierung verschiedenster Instrumente der Kundenbindung zu schaffen (vgl. Neslin & Shankar, 2009, S. 70ff.).

5.1.2.2 Die Gestaltung der Kundenseite

Um ein Kundenbindungsprogramm erfolgreich einführen zu können, müssen die Erfordernisse aus der Sicht des Kunden ebenfalls berücksichtigt werden. Neben dem Erfordernis der Wertigkeit des Programms für den Kunden sollten noch andere Leistungen einen Zusatznutzen für ihn bereitstellen. So dienen Preiszufriedenheit und Preisvertrauen dazu, für den Kunden einen Geldwert zu schaffen, der bei einem Lieferantenwechsel auf dem Spiel steht und damit einen wichtigen Beitrag zur Bindung leistet. Dies kann in Form von Preisnachlässen und Rabatten, ebenso wie durch verlängerte Zahlungsfristen, erfolgen (vgl. Gustafsson, 2009, S. 1220).

Die Auswahlmöglichkeit zwischen mehreren Alternativen der Bonifikation ermöglicht es dem Kunden, sich die für ihn geeigneten Vorteile herauszusuchen. Auch die Mitgliedschaft in einem exklusiven Kundenclub lässt den Kunden das Gefühl der individuellen Betreuung erleben und ihn so für das Unternehmen begeistern (vgl. Busch, Fuchs & Unger, 2008, S. 418ff.).

Die durch das Kundenbindungsprogramm erworbenen Leistungen sollen für den Kunden ohne großen Aufwand genutzt werden können, was ebenso von wesentlicher Bedeutung für ihn ist wie der bequeme Zugang mit geringer Anstrengung in absehbarer Zeit zu den gewünschten und versprochenen Belohnungen. Der Kunde wird für seine Treue belohnt und kann die Anreize dafür ohne großen Aufwand entgegennehmen. Da sie oftmals mit der Kernleistung in Verbindung stehen, ist ihr Erhalt und Nutzen von großer Relevanz für den Kunden (vgl. Bruhn, Lucco & Wyss, 2008, S. 223ff.).

5.1.3 Kundenbindung in wirtschaftlich schwierigen Zeiten

Bei den diversen Instrumenten der Kundenbindung stellen die in wirtschaftlich schwierigen Zeiten begrenzt zur Verfügung stehenden finanziellen Mittel auch einen bedeutenden Faktor dar. Es stellt sich dabei immer wieder die Frage, wie viel ein Unternehmen in die Kundenbindung investieren will und vor allem kann. Hierbei zeigt sich, dass vermehrt der Schwerpunkt auf die Stammkundenbindung gesetzt wird, da diese Kundengruppe die in sie gesetzten Investitionen durch die Regelmäßigkeit ihrer Leistungsinanspruchnahme wieder einbringen. Es wird vom Unternehmen vor allem darauf geachtet, dass keine Abwanderung der Stammkunden zu anderen Unternehmen erfolgt, da dies in der vorherrschenden Wettbewerbssituation suboptimal wäre (vgl. Athanasopoulou, 2009, S. 583ff.).

Nicht die Rekrutierung neuer Kunden gilt als Hauptziel in Krisenzeiten, sondern das Verbleiben der bisherigen Kunden als Partner des Unternehmens ist essentiell. In diese Gruppe sollte auch mit den vorhandenen Mitteln investiert werden. Das kann am besten über den preisbezogenen Ansatz erfolgen, jedoch stellen auch der kommunikationsbezogene und der servicebezogene Ansatz eine gute Möglichkeit dar, Kundenbindung in wirtschaftlich schwierigen Zeiten durchzuführen (vgl. Bildstein, 2010, S. 20ff.).

5.1.4 Luftfahrtspezifische Instrumente der Kundenbindung

Fluggesellschaften versuchen ebenfalls über ausgewählte Instrumente der Kundenbindung einen loyalen Kundenstock aufzubauen und zu halten. Neben den eben beschriebenen und auch bei Fluglinien eingesetzten allgemeinen Kundenbindungsansätzen geschieht dies hauptsächlich durch Loyalitäts- oder Bonusprogramme, welche in diesem Zusammenhang als Vielfliegerprogramme bekannt sind. Diese werden von nahezu allen Fluglinien angeboten, um Kunden, die für das Unternehmen wertvoll sind, an sich zu binden (vgl. Sterzenbacher & Conrady, 2003, S. 486).

5.1.4.1 Aufbau von Bonus- und Vielfliegerprogrammen

Bonusprogramme bieten dem Kunden die Möglichkeit, im Vergleich zu Mitbewerbern, einen Mehrwert zu schaffen und dadurch die Wechselbereitschaft zu minimieren. Hierbei liegt das Prinzip zu Grunde, dass der Kunde für eine bestimmte Verhaltensweise mit einer Werteinheit, zumeist in Form von Punkten, ausgestattet wird, wobei eine Kundenkarte als Sammelmedium dient (vgl. Musiol & Kühling, 2009, S. 1f.).

Wird das System auf Fluglinien umgelegt, so bedeutet dies, dass der Kunde für zurückgelegte Flugmeilen und Inanspruchnahme von Partnerfluggesellschaften, oder bestimmten anderen Partnerunternehmen, Meilen oder Punkte sammeln kann. Diese werden auf einem Konto kumuliert und dem Kunden gutgeschrieben, die dieser bei Erreichen einer gewissen Anzahl in eine Prämie umwandeln kann. Damit soll erreicht werden, dass der Kunde seine Entscheidung für die Auswahl der Fluggesellschaft mit vorhergegangenen und zukünftigen Entscheidungen verknüpft und dadurch die Bindung zur Fluglinie erhöht wird (vgl. Schmitt, 2008, S. 73ff.).

Durch die Registrierung der Kunden bei Inanspruchnahme des Vielfliegerprogramms gelingt es der Fluggesellschaft, Informationen über die Programmteilnehmer zu gewinnen. Diese können zu Marketingzwecken genützt werden, indem personenbezogene Kundenprofile und ihre Veränderung im Laufe der Zeit an Hand von angegebenen persönlichen Präferenzen erstellt und für gezielte Marketingmaßnahmen eingesetzt werden. Damit wird eine den individuellen Interessen entsprechende Kundenbetreuung gewährleistet (vgl. Pompl, 2007, S. 89).

5.1.4.2 Besonderheiten der Vielfliegerprogramme

Die Grundstruktur der Vielfliegerprogramme ist bei den einzelnen Fluglinien ähnlich ausgestaltet. So ist als Teilnahmevoraussetzung vorgesehen, dass Mitglieder des Bonusprogramms natürliche Personen, d. h. keine Unternehmen sind, woraus sich ableiten lässt, dass die Bonusgutschrift für den Fluggast persönlich erfolgt. Die Bonuspunkte werden nach Beförderungsklassen und Flugstrecken gestaffelt und auf Basis der geflogenen Meilen berechnet. Darüber hinaus ist es im Rahmen von Kooperationsvereinbarungen möglich, durch den Erwerb von Leistungen anderer Unternehmen ebenfalls Punkte zu erhalten. Diese Vereinbarungen schaffen der Fluggesellschaft eine zusätzliche Einnahmequelle durch den Verkauf von Meilenkontingenten an die Kooperationspartner (vgl. Thomson, 2006, 52f.).

Die gebotenen Prämien werden bei Fluggesellschaften zumeist in Form von Freiflügen oder einer Aufwertung des gekauften Tickets in eine höhere Klasse, dem Upgrading, angeboten. Bei steigendem Punktezuwachs steigt auch der Wert der Prämien überproportional, damit die Bindungswirkung zusätzlich noch verstärkt wird. Dazu zählt beispielsweise der Zutritt zu Vielfliegerlounges auf verschiedenen Flughäfen, um die Wartezeiten angenehmer zu gestalten. Jedoch unterliegen die erworbenen Bonuspunkte einem Verfallsdatum, was den Kunden dazu anregen soll, bei nur einem Vielfliegerprogramm teilzunehmen (vgl. Pompl, 2007, S. 90).

5.1.4.3 Statusmeilen und Allianzen

Um die wichtigen Kunden einer Fluggesellschaft hervorzuheben, wird bei den Vielfliegerprogrammen, nach der Anzahl der geflogenen Meilen oder nach der Höhe des Jahresumsatzes gestaffelt, ein besonderer Status verliehen, der mit bestimmten Privilegien verbunden ist. Dieser wird durch den Erwerb von Statusmeilen, die neben den Bonusmeilen zu erhalten sind, erlangt. Mittels exklusiven Werbegeschenken, dem Zutritt zu Lounges am Flughafen oder aber auch mittels Servicecards wird dem Statuskunden gezeigt, wie wertvoll er für das Unternehmen ist. Auch entlang der Servicekette finden verschiedenste Vergünstigungen statt, wie etwa Wartelistenpriorität, eigener Transport zu den Flugzeugen und Spezialbetreuung bei Check-In und an Bord. Die Statusklassen werden unterschiedlich eingeteilt und bezeichnet. Im Falle der Star Alliance, zu deren Mitgliedern auch Austrian Airlines und Lufthansa zählen, findet sich die Einteilung in Standardmitgliedschaft, in Frequent Traveller, Senatoren und in die Gruppe der HON Circle Member, welche die wichtigste Kundengruppe repräsentiert (vgl. Sterzenbach & Conrady, 2003, S. 489).

Kunden wählen die Fluggesellschaften auch unter Berücksichtigung des Streckennetzes. Da es für die einzelnen Fluglinien nicht möglich ist, alle Strecken selbst zu bedienen, fügen sie sich in Allianzen zusammen, um innerhalb dieser die Bedürfnisse der Passagiere nach einem globalen Netzwerk zu befriedigen. Nahezu alle wichtigen Linienfluggesellschaften agieren als Mitglieder eines globalen Verbundes. Die wichtigsten Luftfahrtbündnisse stellen die Star Alliance rund um die Lufthansa, das Sky Team rund um Air France/KLM und Oneworld rund um British Airways dar. Auch die Vielfliegerprogramme sind diesen Allianzen angepasst und bieten somit dem Kunden die Auswahl, bei verschiedenen Fluglinien im selben Programm Bonus- und Statusmeilen zu sammeln. Jedoch muss beachtet werden, dass innerhalb der Allianz unterschiedliche Grenzen für Status und Prämien gewährt werden (vgl. Bieger, 2006, S. 223).

Nachdem der Konkurrenzdruck, nicht zuletzt durch die Billigfluglinien, in der Luftfahrtbranche immer stärker wird, müssen auch neue Initiativen über Freiflüge und Upgrades hinaus zur Kundenbindung geschaffen werden. Dazu zählen Check-In Automaten am Flughafen, Elektronische Tickets, aber auch das Web-

Check-In, welches das Einchecken bequem vom Computer oder Handy aus, ohne Warteschlangen am Flughafen, zulässt. Obwohl Vielfliegerprogramme nur einen Teil zur Kundenbindung beitragen, so spielen sie eine ganz wichtige Rolle in einer erfolgreichen CRM-Strategie der einzelnen Fluggesellschaften (vgl. Binggeli, Gupta & Pommes, 2002, S. 6).

5.2 Beschwerdemanagement zur Förderung der Kundenloyalität

Die Bindung des Kunden an das Unternehmen wird, wie in dieser Masterarbeit bereits mehrfach ausgeführt, als oberstes Ziel gehandelt. Jedoch wird dieses Vorhaben, nicht zuletzt durch die große Vielfalt von Unternehmen der gleichen Branche am Markt und damit der Wechselmöglichkeiten des Kunden, erschwert. Dadurch ist es essentiell, sich konsequent und kompromisslos zu bemühen, Kundenzufriedenheit und, damit verbunden, Kundenloyalität aufzubauen und zu erhalten, indem ein gut etabliertes CRM in der Unternehmensphilosophie fest verankert ist. Ein professionell installiertes Beschwerdemanagement unterstützt ebenfalls dabei und hilft dem Unternehmen, die Beschwerde als größte Chance für die Erreichung von Kundenloyalität, der Verbesserung der Qualität und der Reduzierung von Fehlerkosten zu begreifen und sowohl im Produktions- als auch Dienstleistungsbereich für sich zu nutzen. Des Weiteren stellt es die wesentlichste Komponente des operativen CRM dar (vgl. Stauss & Seidel, 2007, S. 16).

5.2.1 Kundenunzufriedenheit als Ausgangspunkt

Jedes Unternehmen begrüßt es, wenn Kunden freundlich und nett, zuvorkommend und höflich sind. Kunden dieser Art beschweren sich nicht, wenn sie mit dem Unternehmen oder dessen Leistungen unzufrieden sind, sondern wandern ab und werden an den Mitbewerber verloren. Diese zurückzugewinnen bedeutet außergewöhnliche Anstrengung und gelingt selten. Außerdem bleibt der Grund für die Unzufriedenheit verborgen, was für das Unternehmen verhängnisvoll sein kann, da es daraus nichts für die Zukunft lernen kann. Gerade diese Form der Unzufriedenheitsbekundung ist jedoch weit verbreitet (vgl. Pepels, 2008, S. 105f.).

Abbildung 5 zeigt auf, wie es zu einer Unzufriedenheitsbekundung kommen kann und welche Folgen daraus entstehen können.

Abbildung 5: Bekundung von Kundenunzufriedenheit

Kunden, die begründet durch Unzufriedenheit das Unternehmen meiden, verbreiten ihren Unmut darüber zumeist durch Negativwerbung in ihrem sozialen Umfeld. Dies kann zu weiteren Kundenverlusten führen, ohne, dass die Möglichkeit der Korrektur durch das Unternehmen besteht (vgl. Bruhn, Lucco &

Wyss, 2008, S. 222f.). Auf der Stufe darüber liegt die Beschwerde bei staatlichen oder privaten Institutionen mit dem Ziel, die aufgetretenen Mängel von einer neutralen Stelle beseitigen oder abstellen zu lassen. Diese können außerdem bei Interessensgegensätzen zwischen Kunden und Unternehmern vermittelnd einschreiten (vgl. Pepels, 2008, S. 105).

All dem kann ein installiertes Beschwerdemanagement entgegenwirken, indem unzufriedene Kunden dazu aufgefordert werden, ihren Unmut zu artikulieren. Dies kann zusätzlich gefördert werden, indem die Beschwerdewege leicht zugänglich und mit geringem Zeitaufwand, beispielsweise über Formulare im Internet, erledigt werden können (vgl. Nissen & Bayraktar, 2009, S. 80f.).

5.2.2 Komponenten des Beschwerdemanagements

Die Beschwerdebereitschaft des Kunden ist abhängig von der Wertigkeit des Produktes oder der Dienstleistung, aber auch von seiner Erwartungshaltung gegenüber der Aussicht auf Erfolg. Je höher beides angesehen wird, desto eher wird er bei auftretender Unzufriedenheit seinen Unmut äußern. Reagiert nun das Unternehmen professionell und vor allem schnell auf die eingehende Beschwerde, so wird der Kunde dem Unternehmen eher wieder sein Vertrauen schenken. Dies setzt ein etabliertes Beschwerdemanagement voraus, in welchem die nachfolgenden Komponenten einen festen Bestandteil haben sollten (vgl. Boenki, 2007, S. 94ff.)

5.2.2.1 Beschwerdestimulierung

Die Beschwerdestimulierung setzt sich zur Aufgabe, den unzufriedenen Kunden zu ermutigen und es ihm zu erleichtern, seinen Unmut in einer Beschwerde einzubringen. Werden in einem Unternehmen nur wenige Beschwerden registriert, deutet dies nicht unbedingt auf zufriedene Kunden hin. Um die oben dargestellte Wechselbereitschaft im Falle der Unzufriedenheit zu verhindern, muss von Seiten des Unternehmens unterstützt und gefördert werden, dass der Kunde sich beschwert. Damit verbunden ist es wichtig, den Weg und die möglichen Kanäle, sei es mündlich, telefonisch, schriftlich oder elektronisch, der Beschwerdeeinbringung zu kommunizieren (vgl. Stauss & Seidel, 2007, S. 114ff.).

Zentrales Ziel der Stimulierung ist die Beschwerdemaximierung in dem Sinn, dass sich möglichst viele unzufriedene Kunden auch beim Unternehmen melden. Zumeist stellt schon einmal die Einbringung der Beschwerde eine Erleichterung für die Kunden dar, da seine Verärgerung oftmals durch ein Besserungsversprechen gemildert wird. Um diese Variante zu unterstützen, können zusätzlich Zufriedenheitsgarantien mit Umtauschmöglichkeiten, kostenlose bzw. günstige Beschwerdetelefone mit Bekanntgabe auf Gebrauchsanweisungen oder ähnlichem, aber auch Hinweise auf Produktverpackungen mit Angabe des Beschwerdekanals ausgestellt werden, um so im Vorfeld die Beschwerdestimulierung zu unterstützen. Außerdem bietet sich hier die Gelegenheit, die ersten Beschwerdeinformationen zu sammeln, um eine sorgfältige Problemdiagnose erstellen zu können (vgl. Boenki, 2007, S. 97).

5.2.2.2 Beschwerdeannahme

Da es sich bei der Beschwerdeannahme um den Erstkontakt zwischen unzufriedenen Kunden und Unternehmen handelt, liegt hier der Schwerpunkt auf der Interaktion zwischen den Beteiligten. Dies stellt oft ein Schlüsselerlebnis dar, wo sich bei Verständnis und Einfühlungsvermögen auf Unternehmensseite die Unzufriedenheit des Kunden abbaut, jedoch bei Gleichgültigkeit und Ablehnung sich diese noch erhöht. Dies fordert vor allem das Zuhörvermögen und das Verhandlungsgeschick der Mitarbeiter, die den Erstkontakt entgegennehmen (vgl. Stauss & Seidel, 2007, S.141ff.).

Eine wichtige Aufgabe der Beschwerdeannahme stellt auch die Erfassung sämtlicher in der Beschwerde beinhalteter Informationen dar. Dies unterstützt eine unkomplizierte und rasche Bearbeitung und eine effektive Weiterverarbeitung durch die zuständigen Stellen. Dabei können standardisierte Erfassungsformen, wie Formblätter oder eigene Softwaresysteme, hilfreich sein, die eine Kategorisierung der unterschiedlichen Anliegen bereits zu Beginn ermöglichen. (vgl. Nissen & Bayraktar, 2009, S. 81).

5.2.2.3 Beschwerdebearbeitung

Die Schritte, die in der Beschwerdebearbeitung gesetzt werden, erfolgen intern und sind vom Kunden kaum wahrnehmbar. Sie finden ihre Unterscheidung in den unterschiedlichen Anforderungen bei Produkten, Dienstleistungen oder Kunden, wobei bei komplexen Themen detaillierte Nachforschungen notwendig sind. Um diese gezielt durchführen zu können, ist ein systematisches Prozessmanagement erforderlich. Dabei ist es notwendig, den logischen Ablauf zu definieren, verschiedene Verantwortlichkeiten bei der Beschwerdebearbeitung festzulegen und Bearbeitungstermine und Überwachung derselben zu fixieren. Darüber hinaus muss eine interne Kommunikation und Dokumentation über die Beschwerde durchgehend gewährleistet sein (vgl. Stauss & Seidel, 2008, S. 181f.).

Prinzipiell sollen kleinere Fälle direkt von der Beschwerdeannahmestelle gelöst werden, was die Zeit bis zu einer annehmbaren Lösung dadurch verringert, da weniger Instanzen involviert sind. Nur wenn eine sofortige Lösung nicht möglich ist, wird der Prozess der Beschwerdebearbeitung in Gang gesetzt. Werden dabei intern mehrere Abteilungen durchlaufen, so ist es notwendig, eine Terminvorgabe zu definieren, um den Unmut des Kunden wegen Verzögerung nicht zu vergrößern (vgl. Haller, 2005, S. 315f.).

Der Endbericht stellt den Abschluss der Bearbeitung dar und beinhaltet eine Zusammenfassung der Problemstellung und das Ergebnis der Problemanalyse sowie mögliche Vorschläge für Lösungen (vgl. Haller, 2005, S. 316).

5.2.2.4 Beschwerdereaktion

Die Phase der Reaktion auf den Unmut des Kunden baut auf den Endbericht der Beschwerdebearbeitung auf, indem vom Unternehmen der Versuch gestartet wird, die Unzufriedenheit des Kunden aus dem Weg zu schaffen. Dabei wirkt sich jede Aktion auf die Beschwerdezufriedenheit des Kunden aus, was vor allem für die Kommunikation mit dem Kunden während des gesamten Beschwerdeablaufes gilt. Wichtig ist dabei, eine möglichst zeitnahe Reaktion auf Unmutsäußerungen zu beachten, damit Probleme rasch beseitigt werden können und der Kunde bemerkt, dass das Unternehmen den Kontakt mit ihm sucht und ihn ernst nimmt (vgl. Nissen & Bayraktar, 2009, S. 81).

Die Reaktion kann auf unterschiedliche Art erfolgen. Möglich wären finanzielle Angebote wie Preisnachlässe, Geldrückgabe oder Schadenersatz, genauso wie materielle Angebote des Umtausches, des Austausches oder eines Geschenkes, sowie immaterielle Angebote wie Entschuldigungen, die vor allem im Dienstleistungsbereich eingesetzt werden. Da sich die Reaktion am maßgeblichsten auf die Beschwerdezufriedenheit auswirkt, ist es wichtig, diese gemeinsam mit dem Kunden zu erarbeiten und nach seinen Wünschen auszuführen (vgl. Lohse, 2001, S. 167).

5.2.2.5 Beschwerdeauswertung

Während die oberen Punkte dem direkten Beschwerdemanagementprozess zugeordnet werden, in dem der Kunde in persönlichem Kontakt mit dem

Unternehmen steht, so zählt die Beschwerdeauswertung zum indirekten Prozess, in welchem er nicht mehr involviert ist (vgl. Stauss & Seidel, 2007, S. 269f.).

Die Beschwerdeauswertung unterstützt das Unternehmen bei der Erkennung von Verbesserungsmaßnahmen im Leistungsprozess, wodurch zukünftige Kundenprobleme reduziert bzw. vermieden werden können. Dabei wird die Chance wahrgenommen, das Informationspotential der Beschwerden systematisch für das Unternehmen zu nutzen, indem eine genaue und konsequente Auswertung erfolgt, die das Beschwerdemanagement dann als entscheidungsunterstützende Informationen bereitstellen kann. Damit können Probleme bereits durch vorzeitige Erkennung vermieden werden (vgl. Mühlner, 2005, S. 20).

Bei der Auswertung werden alle Elemente des Beschwerdemanagements betrachtet und untersucht. Auch ist es wichtig, um den langfristigen Nutzen der Beschwerdeinformation in Form eines Berichtwesens zu erhalten, diese zum geeigneten Zeitpunkt an das verantwortliche Management weiterzuleiten, damit es die Information nutzen kann, um den Unternehmenserfolg strategisch abzusichern (vgl. Nissen & Bayraktar, 2009, S. 82).

5.2.3 Beschwerdearten

Bei einer Beschwerde handelt es sich um eine Unmutsäußerung des Kunden, der auf ein subjektiv als schädigend betrachtetes Verhalten des Unternehmens aufmerksam machen möchte. Dabei kann diese auf unterschiedlichste Art und Weise kundgemacht werden (vgl. Stauss & Seidel, 2007, S. 49f.).

5.2.3.1 Direkte Beschwerden

Die direkte Beschwerde stellt für das Unternehmen die wünschenswerteste Art dar, da hierbei der Beschwerdeführer diesem gegenüber den Grund seiner Unzufriedenheit persönlich artikuliert. Damit wird dem Unternehmen die Möglichkeit geboten, den Kundenunmut aufzugreifen und darauf entsprechend zu reagieren. Der Kunde selbst kann dafür den für ihn geeigneten Beschwerdekanal auswählen, um auf dem persönlichen Weg, schriftlich oder telefonisch das Unternehmen zu kontaktieren (vgl. Schöler, 2009, S. 30).

Mit Beschwerden dieser Art verfolgt der Kunde das Ziel, direkt vom Unternehmen eine Kompensation des Schadens oder eine Wiedergutmachung auf anderem Weg zu erreichen. Auch die Erwirkung einer Verhaltensänderung des

Unternehmens, oder einfach die Artikulierung seines Unmutes, können für den Kunden Beweggründe für eine direkte Beschwerde darstellen (vgl. Mierzwa, 2002, S. 21ff.).

5.2.3.2 Indirekte Beschwerden

Die Fälle der indirekten Beschwerdeeinbringung gestalten sich insofern schwieriger, als, dass der Kunde mit seiner Unzufriedenheit nicht das Unternehmen selbst kontaktiert, sondern diese im negativen Sinn an Dritte mittels mündlicher Kommunikation oder schriftlich weitergibt, ohne dem Unternehmen die Möglichkeit zu bieten, dazu Stellung zu nehmen oder die Unzufriedenheit auszugleichen (vgl. Stauss & Seidel, 2007, S. 50f.).

Der Kunde bezweckt mit der indirekten Beschwerde nicht nur, dass seinem Unmut ein Ventil geboten wird, sondern auch, dass andere Kunden vor dem Unternehmen und dessen Leistungen gewarnt werden, indem auf das zur Unzufriedenheit führende Verhalten aufmerksam gemacht wird. Vor allem virtuelle Plattformen im Internet bieten dem Kunden die Möglichkeit, seinen Unmut einer großen Masse von Menschen mitzuteilen. Für das Unternehmen sind auf diese Weise vorgebrachte Beschwerden, auf Grund der mündlichen oder schriftlichen Weiterverbreitung, sehr negativ behaftet. Zum einen kann der Kunde nicht durch Austausch oder Verbesserung zufrieden gestellt werden, zum anderen bedeutet die negative Weiterverbreitung Vertrauenseinbußen und einen Imageschaden bei weiteren Kunden (vgl. Schöler, 2009, S. 25ff.).

5.2.3.3 Stille Beschwerden

Eine weitere Beschwerdeart stellen die stillen Beschwerden dar, die sich dadurch auszeichnen, dass sich der unzufriedene Kunde zu Beginn nicht aktiv an das Unternehmen wendet oder aber direkt ohne Bekanntgabe des Unmutes abwandert. Zeigt der Kunde ein inaktives Verhalten, dann steht er zu Beginn des Unmutes loyal zum Unternehmen und versucht, an der Beziehung zu diesem festzuhalten. Jedoch wird bei erneutem Auftreten von Problemen das ursprüngliche mit eingebracht und damit eine komplexe und transaktionsübergreifende, schwer zu lösende Beschwerde kreiert, welche oftmals zur Abwanderung des Kunden führt, was für das Unternehmen die schlechteste Alternative darstellt. Oftmals kommt hinzu, dass dem Unternehmen kein Anhaltspunkt geliefert wird, warum es zur Abwanderung gekommen ist und damit auch hier die Gelegenheit fehlt, die Zufriedenheit wieder herzustellen (vgl. Pepels, 2008, S. 108f.).

Die Aufgabe eines Unternehmens in diesem Zusammenhang ist es, das Beschwerdeverhalten seiner Kunden durch die in diesem Kapitel beschriebene Beschwerdestimulierung zu fördern, damit auch die stillen Beschwerden erkannt und zu direkten umgewandelt werden können. Nur so ist das Unternehmen im Stande, ein Denken weg von der Beschwerdeminimierung hin zur Minimierung der Kundenunzufriedenheit zu entwickeln und damit wichtige Ansatzpunkte für Problemlösungen und Qualitätsverbesserungen zu schaffen (vgl. Stauss & Seidel, 2007, S. 113).

5.2.4 Beschwerdemanagement in Krisenzeiten

Ein im Unternehmen verankertes Beschwerdemanagement ist nicht nur ein wichtiger Faktor der Kundenbindung, es gilt auch als Herzstück des CRM. Jedoch wird dieses ebenfalls in wirtschaftlich schwierigen Zeiten als Kostenfaktor gesehen und kritisch überprüft. Dazu kommt noch, dass ein Unternehmen in Krisenzeiten zumeist größere Probleme zu bewältigen hat, als Beschwerden von Kunden entgegenzunehmen und zu bearbeiten (vgl. Chakrapani, 2006, S. 43).

Es darf aber nicht außer Acht gelassen werden, dass es gerade in schwierigen Zeiten wichtig ist, dem Kunden die Chance zu geben, dem Unternehmen seine Unzufriedenheit kund zu tun und mitunter damit auch entstandene Mängel aufzudecken. Sowohl die Beschwerdestimulierung, als auch die –annahme wird somit zu einem wichtigen Bereich und sollte über möglichst viele Kanäle zugänglich sein, um dem Kunden Vertrauen und Wertschätzung zu vermitteln. Dabei ist es auch essentiell, die Mitarbeiter dieser Abteilung speziell zu schulen und in ein Informationssystem einzubinden, damit diese ihre eigene Unsicherheit bezüglich des Erhalts des Arbeitsplatzes weitgehend beseitigen können, um ganz auf den unzufriedenen Kunden eingehen zu können. Das Beschwerdemanagement sollte im Unternehmen als Möglichkeit der Verbesserung von Produkt und Service gesehen werden und deshalb auch in wirtschaftlich schwierigen Zeiten nicht als Kostenfaktor abgetan und eingeschränkt werden (vgl. Gruber, Szmigin & Voss, 2009, S. 422ff.).

5.2.5 Internationales Beschwerdemanagement

Ein in die Unternehmenskultur integriertes Beschwerdemanagement fördert und unterstützt die Zufriedenheit und Loyalität des Kunden zum Unternehmen. In

Zeiten der Globalisierung genügt es aber nicht mehr, sich nur national zu orientieren, da die Vielfalt interkultureller Aktivitäten zunimmt und, damit verbunden, auch die Beschwerdehäufigkeit von internationalen Kunden steigt. Dieser Herausforderung gilt es durch ein international ausgerichtetes Beschwerdemanagement zu begegnen, in welchem die kulturellen Unterschiede der Kunden direkt und indirekt Berücksichtigung finden müssen (vgl. Stauss & Nogly, 2009, S. 323f.).

5.2.5.1 Kulturelle Unterschiede im Beschwerdeverhalten

In den verschiedenen Kulturkreisen zeigen die Kunden unterschiedlichste Verhaltensweisen auf, wie mit einer Unzufriedenheit umgegangen wird, aber auch, welche Erwartungen bei Beschwerdeeinbringung vom Kunden an das Unternehmen gesetzt werden. Dabei muss auf die Beschwerdestimulierung ein besonderer Fokus gelegt werden, da die Beschwerdeneigungen durchwegs unterschiedlich sein können, was dazu führen kann, dass gewisse Kulturkreise eine Unmutsäußerung gegenüber dem Unternehmen zu umgehen versuchen und andere Methoden, wie stille Abwanderung oder den indirekten Beschwerdeweg, wählen. Das führt zu der Erkenntnis, dass die Stimulierung in ihrer Intensität und ihrem Inhalt angepasst werden muss, um auf abweichende rechtliche Vorschriften, kulturspezifische Systeme und länderüblich genutzte Medien gezielt eingehen zu können (vgl. Stauss & Seidel, 2007, S. 619).

Für die interkulturellen Unterschiede im Beschwerdeverhalten werden die Gesamtheit der Grundannahmen, Werte, Einstellungen, Überzeugungen und Normen, welche in einer kulturellen Einheit kollektiv geteilt werden, herangezogen, welche sich im Laufe der Zeit herausgebildet haben und sich in unterschiedlichen Verhaltensnormen, - weisen und Artefakten ausdrücken. Je größer die kulturelle Distanz zum Unternehmen ist, desto mehr Unterschiede entstehen bezüglich beschwerderelevanter Wahrnehmungen und Erwartungen des Kunden, auf die geachtet werden muss (vgl. Kutschker & Schmid, 2008, S. 672f.).

5.2.5.2 Kulturell angemessene Beschwerdebehandlung

Das kulturelle Umfeld des Kunden beinhaltet exakte Vorstellungen darüber, welche Formen sowohl der verbalen, als auch der nonverbalen Kommunikation angebracht sind. Bei der direkten Beschwerdesituation prägen diese unterschiedlichen kulturellen Erwartungen das Rollenverständnis zwischen Beschwerdeführer und Unternehmen (vgl. Stauss & Seidel, 2007, S. 619f).

Das Unternehmen muss sich auf die Kommunikation mit internationalen Kunden insofern einstellen, als dass es mit der unternehmerischen Antwort, unabhängig von der Nationalität des Kunden, dessen Beschwerdezufriedenheit erreicht. Dies ergibt sich daraus, dass Kunden aus unterschiedlichen Kulturen die Qualitätsstandards differenziert gewichten und damit trotz identischer unternehmerischer Vorgehensweise unterschiedliche Maßstäbe für Zufriedenheit ansetzen. Das lässt sich sowohl auf die Vorgehensweise im Beschwerdeprozess, als auch auf die vorgeschlagenen Problembehandlung und Wiedergutmachung umlegen. Speziell beim Beschwerdeergebnis kann das Unternehmen seine internationale Ausrichtung zeigen, indem es auf die kulturspezifische Gewichtung von materieller und immaterieller Kompensation in den verschiedenen Kulturkreisen eingeht und sich bei der Wiedergutmachung danach richtet (vgl. Stauss & Nogly, 2009, S. 325ff.).

5.2.5.3 Interkulturelle Beschwerdebehandlung in der Luftfahrt

Der Kundenstock der Luftfahrtgesellschaften ist geprägt durch Internationalität, wie es selten ein anderes Unternehmen erlebt. Tickets werden weltweit erworben, was auch die den diversen Kulturkreisen entsprechenden Qualitätskriterien begründet. Nicht nur entlang der Wertschöpfungskette gilt es, interkulturell geschulte Mitarbeiter einzusetzen, um den Kunden vorweg zufrieden zu stellen, gerade das Beschwerdemanagement muss international ausgerichtet sein und durch bestens geschulte Mitarbeiter unterstützt werden, um die richtige unternehmerische Antwort zu finden und die Beschwerdezufriedenheit zu erreichen (vgl. Pepels, 2008, S. 110ff.).

Im internationalen Beschwerdemanagement der Luftfahrtgesellschaften gilt oftmals, ebenso wie bei anderen international ausgerichteten Unternehmen, die Sprachbarriere zwischen dem Beschwerdeführer und der Beschwerdeannahme zu überwinden, damit etwaige Übersetzungsfehler ausgeschlossen werden können. Dies ist auch für die Beschwerdestimulation förderlich, da für den Kunden mit der Beseitigung der Sprachbarriere ein wichtiges Hindernis wegfällt. Auch dies wird mit entsprechend geschulten und multilingualen Mitarbeitern erreicht und kann schon bei der Beschwerdeannahme zu Unzufriedenheitsreduktion durch Verständnis und Empathie beitragen (vgl. Park, Dillon & Mitchell, 1998, S. 328ff.).

5.3 Weitere CRM-Methoden in der Luftfahrt

Das Konzept des CRM stellt nicht das Produkt, sondern den Kunden in den Fokus des Unternehmens und erfordert eine ständige Verbesserung der damit verbundenen Prozesse, nicht zuletzt deshalb, weil das Verhalten des Kunden rasanten Veränderungen unterliegt. Dadurch ist das Unternehmen dazu angehalten, flexibel auf diese Umstände zu reagieren. Dies lässt sich mit der Vision eines funktionierenden CRM-Systems verbinden, welches sich als Ziel setzt, jeden Kunden zur richtigen Zeit über den geeigneten Kanal mit dem passenden Produkt zu versorgen und die Erwartungen hinsichtlich der Kundenwünsche betreffend Qualität, Kosten und Zeit zu erfüllen. Hierfür bedarf es eines ganzheitlichen CRM-Konzeptes, bei dem alle Komponenten ausgebildet sind, jedoch, dem Unternehmen angepasst, in unterschiedlich starker Ausprägung (vgl. Werner, 2002, S. 80ff.).

Da sich die Luftfahrtindustrie in einem extremen Konkurrenzkampf befindet, bedeutet dies, dass sie ein hohes Maß an Kundenorientierung gewährleisten muss, um sich von den Mitbewerbern zu unterscheiden. CRM-Systeme helfen bei der erfolgreichen Umsetzung und Generierung von Wettbewerbsvorteilen. Luftfahrtunternehmen haben einen starken Schwerpunkt im operativen CRM, jedoch bleiben auch die beiden anderen Komponenten nicht unberücksichtigt (vgl. Ijioui, Emmerich, Ceyp & Dierck, 2007, S. 7ff.).

5.3.1 Data Warehouse und Data Mining im analytischen Bereich

Während das operative CRM alle Anwendungen aufzeigt, die im unmittelbaren Kontakt mit dem Kunden durchgeführt werden, dient das analytische CRM der Aufzeichnung aller Kundeninformationen, die im operativen Bereich generiert wurden und, daraus abgeleitet, der kontinuierlichen Optimierung und Auswertung der kundenbezogenen Geschäftsprozesse. Ersteres wird durch das Data Warehouse, dem Herzstück des analytischen CRM-Systems, unterstützt, die Prozessoptimierung erfolgt durch das Data Mining. Diese Werkzeuge untersuchen hierbei automatisch große Datenbestände auf der Suche nach Verhaltensmustern von Kunden, die später für Marketingaktivitäten genutzt werden können. Durch den stetigen Informationsfluss dient das analytische CRM darüber hinaus der kontinuierlichen Verbesserung aller Prozesse, wenn das Unternehmen die Ergebnisse der Analyse konsequent umsetzt (vgl. Schulze, 2002, S. 238f.).

In der Luftfahrtindustrie liegt der Fokus auf der langfristigen Bindung profitabler Kunden an die Luftfahrtgesellschaft. Auch hier besteht die Notwendigkeit, die durch alle oben beschriebenen Kundenbindungsmaßnahmen gesammelten Daten zu bündeln, zu analysieren und zu nutzen. Ein eigenes analytisches CRM-System einzuführen und zu erhalten ist jedoch teuer und daher nur den großen Airlines vorbehalten, nicht zuletzt durch die vorherrschende wirtschaftliche Situation. Die anderen Fluggesellschaften versuchen von analytischen Systemen über Bonus- und Vielfliegerprogramme der großen Allianzen zu profitieren. Dort werden die Kundeninformationen mittels Data Warehouse gesammelt und durch Data Mining versucht, die Prozesse zu optimieren. Der Zugriff auf diese Datenbanken ist den jeweiligen Allianzmitgliedern gestattet und kann von diesen auch mit Informationen gespeist werden. Allerdings hilft dies nur innerhalb der Statusprogramme und kann nicht automatisch auf die einzelnen teilnehmenden Fluglinien aufgeteilt werden (vgl. Wübker & Buckler, 2002, S. 28ff.).

5.3.2 Call Center im kommunikativen Bereich

Die Komponente des kommunikativen CRM beinhaltet alle Kanäle der Kommunikation, über die das Unternehmen mit dem Kunden in Kontakt tritt. War früher der Einsatz eines klassischen Callcenters gefragt, bei dem der Fokus auf der Telefonie lag, so kommt heute vermehrt ein Customer Interaction Center, CIC, zum Einsatz, bei dem alle Kanäle wie Internet, E-Mail, Post, Fax und ähnliche Arten der Kommunikation zusammenlaufen. Dadurch wird gewährleistet, dass Kundenwünsche bei einem Punkt im Unternehmen gesammelt werden, unabhängig davon, über welchen präferierten Kanal der Kunde an das Unternehmen herantritt. Das Ziel der schnellen und kompetenten Reaktion auf Kundenwünsche wird damit erfüllt und trägt zur Verbesserung der wirtschaftlichen Rahmenbedingungen und der Erhöhung des Servicegrades bei (vgl. Stauss & Seidel, 2007, S. 538ff.).

Das Call Center stellt darüber hinaus eine der wichtigsten Kundenkontaktpunkte und Quelle der Generierung von Kundendaten eines Unternehmens dar, besonders, wenn es zu einem CIC umgewandelt wird und fördert dadurch den Aufbau von Kundenloyalität. Durch eine Anbindung des CIC an die analytischen Möglichkeiten des CRM werden alle Daten zielgerichtet verarbeitet und weitergeleitet. Qualifizierte und geschulte Mitarbeiter sorgen für professionelles Handeln und kompetente Beantwortung und Artikulierung der Kundenanfragen. Dies geschieht einerseits über das Inbound Call Center, welches überwiegend eingehende Anrufe annimmt und beantwortet, was auch als passives Telefonmarketing bezeichnet wird. Andererseits spezialisiert sich das Outbound Call Center auf ausgehende Gespräche und ist als aktives Telefonmarketing bekannt (vgl. Winkelmann, 2008, S. 461f.). Beide Bereiche werden durch technische Systeme unterstützt, die eine gleichmäßige Verteilung der Anrufe auf die Servicemitarbeiter gewährleistet, die Verknüpfung mit den CRM-Systemen für die Anrufererkennung und persönliche Betreuung des Kunden durch den Serviceagenten ermöglicht und die sofortige Zuweisung des Kunden und seinen Anliegen zu dem geeignetsten Mitarbeiter durch digitalisierte Audio-Aufzeichnung sicherstellt. Damit, und auch mit Hilfe von vorgefertigten Gesprächsleitfäden und intensiver Schulung der Call Center Agenten, wird eine effiziente Gesprächszeit erreicht, um möglichst alle Anrufe in angemessenem Zeitrahmen beantworten zu können und eine zufriedenstellende Behandlung der Kundenanfragen zu gewährleisten (vgl. Hippner & Wilde, 2002, S. 30f.).

Für Luftfahrtunternehmen ist ein Call Center, oder weiterführend ein CIC, für die Kundenbindung unerlässlich, da durch die vermehrte Online-Buchung zumeist kein persönlicher Kontakt zwischen Kunden und Unternehmen vorliegt. Durch das Vorhandensein eines Call Centers oder CIC wird es dem Kunden trotzdem ermöglicht, bei Anfragen oder speziellen Wünschen, aber auch bei Beschwerden und Unregelmäßigkeiten, wie sie in der Luftfahrtbranche des Öfteren auftreten können, persönlich seine Anliegen vorzubringen. Auch die Auswahl der Fluggesellschaft kann durch die vorhandene Möglichkeit der Kundenbetreuung über diverse Kanäle positiv beeinflusst werden (vgl. Handlos, 2006, S. 38ff.).

Da die Aufrechterhaltung eines funktionierenden Call Centers mit beträchtlichen Kosten für die technische Bereitschaft, die Mitarbeiter und deren qualifizierte Schulung verbunden ist und die wirtschaftlichen Zeiten eine Kostenreduktion diktieren, gehen die Bestrebungen in Richtung Outsourcing dieser Dienstleistung an professionelle Call Center Einrichtungen. Fluglinien, die im Verbund mit anderen Luftfahrtgesellschaften fliegen, können durch das gemeinsame Betreiben von CICs Synergien schaffen und den Kunden trotzdem diesen wichtigen, die Kundenloyalität stärkenden und somit Nachhaltigkeit schaffenden, Service branchengerecht anbieten. Damit ist es den Fluglinien auch möglich, die Kundenwertigkeit für Statuskunden zu berücksichtigen, indem eigene Kanäle für sie eingerichtet werden, welche ein breiteres Leistungspaket umfassen und die individuelle Betreuung der Wünsche und Anliegen dieser wichtigen Kundengruppe zulassen (vgl. Schmitt, 2008, S. 68ff.).

Die vorangegangenen theoretischen Betrachtungen werden im nachfolgenden Kapitel durch die Verknüpfung mit einem empirischen Fallbespiel abgeschlossen, in dem die Anwendung der CRM-Komponenten in der Praxis am Beispiel eines österreichischen Luftfahrtunternehmens beleuchtet werden.

Die nachfolgende Darstellung erfolgt zu einer Zeit, in dem sich das Unternehmen der Austrian Airlines Group in einer Phase der Umstrukturierung befindet. Die wirtschaftlich schwierigen Zeiten und die Übernahme durch die Deutsche Lufthansa AG im Jahr 2009 verlangten von der Fluglinie Restrukturierungen und Kostenreduktionen in beträchtlicher Höhe, die zum Zeitpunkt der Experteninterviews entweder schon abgeschlossen, in Umsetzung begriffen oder geplant sind. Der jeweilige Stand der Entwicklungen innerhalb der verschiedenen Bereiche und daraus gewonnene Ergebnisse fließen in das nachfolgende Fallbeispiel ein.

6 EMPIRISCHE STUDIE EINES ÖSTERREICHISCHEN LUFTFAHRTUNTERNEHMENS

6.1 Das Unternehmen Austrian Airlines

Nachfolgende Unternehmensdarstellung entstammt der Quelle Austrian Airlines (vgl. Austrian Airlines, 2010, o. S.).

Das Unternehmen wurde am 30. September 1957 unter dem Namen Austrian Airlines AG gegründet und nahm den Flugbetrieb am 31. März 1958 mit seinem Jungfernflug von Wien nach London auf.

Danach baute das Unternehmen seine Flotte systematisch aus, und am 13. Juni 1988 wurde an der Wiener Börse die Austrian Airlines Aktie eingeführt.

Um am Markt bestehen zu können, trat Austrian Airlines in den 1990er Jahren in die Luftfahrt-Allianz „Qualiflyer Group", einer multinationalen Partnerschaft unter der Führung von Swissair, ein. Die Zusammenarbeit wurde nach einiger Zeit beendet und das Unternehmen Austrian Airlines am 26. März 2000 als Mitglied der weltumspannenden Allianz „Star Alliance" eingegliedert, dessen Teil sie bis heute ist.

Beteiligungen an verschiedenen Fluggesellschaften prägen das weitere Bild der Austrian Airlines. So wurde die Beteiligung an Tyrolean Airways 1998 auf 100 Prozent erhöht, genauso wie der 100 Prozent Erwerb der Rheintalflug 2001 und die Erhöhung der Beteiligung am stimmberechtigten Grundkapital der Lauda Air auf 100 % im Jahre 2002. Der Gesamtkonzern tritt ab diesem Zeitpunkt als Austrian Airlines Group nach außen hin auf.

Im Jahr 2008 wird von der österreichischen Bundesregierung der Privatisierungsauftrag der Austrian Airlines Group beschlossen, welchem nach Veröffentlichung der Bieterprozess für den Verkauf der Anteile durch die Österreichische Industrieholding Aktiengesellschaft, ÖIAG, anschließt. Im Dezember 2008 erfolgt nach Zustimmung der Aufsichtsräte der Verkauf der ÖIAG-Anteile an die Lufthansa. Nach erfolgter Transaktions- und Wettbewerbsprüfung durch die EU, erfolgt am 3. Dezember 2009 das Closing und, damit verbunden, die Eingliederung der Austrian Airlines Group in den Lufthansa Konzern. Damit wird die Lufthansa-Gruppe die größte Fluggesellschaft Europas.

Heute stellt die Austrian Airlines Group ein Tochterunternehmen der Lufthansa AG mit Sitz in Wien und Heimatflughafen Wien-Schwechat dar, welches selbst die Töchter Austrian Arrows, ehemalige Tyrolean Airways, und Lauda Air, sowie weitere Beteiligungen beinhaltet. Des Weiteren ist das Unternehmen ein Mitglied der Star Alliance Group. Die operative Flotte umfasst 36 Maschinen der Austrian Airlines, 6 Maschinen der Lauda Air und 54 Maschinen der Austrian Arrows. Mit der Vision „SUCEED", welche eine offensive Marktstrategie mit dem Ziel der führenden Fluglinie in Zentral- und Osteuropa, ebenso wie im Nahen Osten, beinhaltet und der Mission „WE CARE", die mit dem Versprechen „We fly for your smile" auf den österreichischen Charme und die Herzlichkeit abstellt, positioniert sich die Austrian Airlines Group im Bereich des Linien-, Cargo- und Charterverkehrs für die Zukunft.

6.2 Erhebung Expertenbefragung

Die vorliegende Erhebung erfolgte mittels persönlicher Experteninterviews hochrangiger Manager entlang der Kundendienstkette der Austrian Airlines Group, sowie mittels Online Befragung von Passagieren, welche auf Linienflügen, durchgeführt von Austrian Airlines, gebucht waren. Nachfolgend finden sich die methodischen Steckbriefe beider Erhebungen.

Methodischer Steckbrief	
Erhebungsform	Persönliches Experteninterview
Grundgesamtheit	Summe aller Managementteammitglieder
Befragte Personen	Management entlang der Kundendienstkette *Dr. Andreas Bierwirth:* Member of the Executive Board *Mag. Peter Baumgartner:* Vice President Customer Service & Product Management *Wolfgang Ebner:* Director Customer Relations *Katja Ecke:* Business Indoor *Walter Feldkircher:* Product Strategy / Customer Research

	Mag. Sonja Feldmann: Product Management, Lounge Product *Christian Hölbl:* Senior Manager Quality & Process Management *Mag. Isabella Reichl:* Director Marketing *Alexander Schnecke:* Head of Business Sales
Erhebungsinstrument	Standardisierter Fragebogen mit offenen Antwortkategorien
Befragungszeitraum	15. Februar 2010 – 18. März 2010
Ort der Befragung	Austrian Airlines AG, Headoffice, Office Park 2, 1300 Flughafen Wien
Stichprobengröße	9
Durchgeführt von	Bettina Brandstetter, BA

Methodischer Steckbrief	
Erhebungsform	Online Befragung
Grundgesamtheit	Summe aller Passagiere auf Linienflügen durchgeführt von Austrian Airlines
Befragte Personen	Passagiere auf Linienflügen durchgeführt von Austrian Airlines
Erhebungsinstrument	Standardisierter Online Fragebogen mit geschlossenen Antwortkategorien
Befragungszeitraum	1. Jänner 2009 – 31. Dezember 2009, Quartalsweise Auswertung
Ort der Befragung	Online
Stichprobengröße	Variierend je nach Quartal, quartalsweise 1559 - 5047

Durchgeführt von	Walter Feldkircher, Product Strategy / Customer Research

Bei der Expertenbefragung wurden Mitglieder der unterschiedlichen Abteilungen entlang der Kundendienstkette befragt, in deren Verantwortungsbereich die Thematik der Kundenbindung und Kundenloyalität liegt. Dabei wurde der Fokus auf die Themengebiete CRM, Kundenbindung, Kundenloyalität, Qualität und Nachhaltigkeit unter dem Aspekt der wirtschaftlich schwierigen Zeiten, in denen sich das Unternehmen befindet, gelegt.

Bei der Online-Befragung wurden die wichtigsten Indikatoren, zu denen generelle Zufriedenheit, Weiterempfehlung, Wiederkaufsabsicht und Preis-Leistungs-Verhältnis zählen, in den Phasen vor, während und nach dem Flug überprüft. Die Auswertung erfolgte quartalsweise und zeigt die Zufriedenheit des Kunden mit dem Produkt Austrian Airlines und die Reaktionen auf die, begründet mit den wirtschaftlich schwierigen Zeiten, erfolgten Qualitätsanpassungen an.

Im Folgenden werden die Ergebnisse der Befragungen im Zusammenhang mit der Integration unterschiedlicher CRM-Komponenten aufgezeigt.

6.3 Einsatz von CRM in der Austrian Airlines Group

Durch das in der Mission enthaltene „WE CARE“ mit dem Versprechen „We fly for your smile“ wird deutlich, dass der Kunde im Mittelpunkt steht und alle Handlungen an ihm auszurichten sind. Daher stellt auch CRM innerhalb der Austrian Airlines Group ein wichtiges Thema dar, welches durch alle Abteilungen getragen wird, jedoch in unterschiedlicher Dimension. Geprägt durch die wirtschaftlich schwierigen Zeiten, in denen sich das Unternehmen befindet, wird abteilungsweise versucht, die Mission umzusetzen und trotzdem den Kostenfaktor zu reduzieren, was eine große Herausforderung für alle Beteiligten darstellt.

Dabei muss aber immer beachtet werden, wie viel CRM sich das Unternehmen leisten kann. Ausgangslage für die Betrachtung ist hierbei die Positionierung der Fluglinie am Markt. Im Falle eines Qualitätscarriers ist sehr viel CRM möglich, bei einem Low-Cost-Carrier sehr wenig. Daher sollte sich aus der Geschäftsstrategie der Austrian Airlines Group eine CRM-Strategie entwickeln, jedoch muss sich das Unternehmen in Krisenzeiten die Frage stellen, wie viel Geld dafür zur Verfügung steht und ob CRM um jeden Preis umsetzbar ist. Hierauf aufbauend bildet sich heraus, dass so viel CRM wie möglich mit so wenig Geld wie nötig im Unternehmen implementiert wird.

Innerhalb der Austrian Airlines Group wird CRM nicht isoliert betrachtet, sondern als Teil eines Puzzles, welches zusammengefügt werden muss. Der Blick soll auch über den Tellerrand erfolgen, denn die Einführung eines guten CRM-Systems in einem Unternehmen, das am Markt schlecht positioniert ist, bringt keinen Nutzen und umgekehrt genauso. Hinzu kommt noch, dass in der Luftfahrtindustrie der Erfolg von CRM schwer messbar ist. Darüber hinaus darf auch nicht vergessen werden, dass die CRM-Regeln an das regionale und kulturelle Umfeld angepasst werden müssen.

CRM ist ein gutes Instrument für die Fluglinie, um auszuloten, ob die getroffenen strategischen Entscheidungen erfolgsversprechend sind oder nicht. Jedoch ergibt sich durch die Einordnung von CRM in ein Gesamtpuzzle auch die Frage, wie viel Prozent der Gesamtkundenbindung auf Grund von CRM gehalten oder generiert werden kann. Denn lautet die strategische Entscheidung, eine tolle Marke aufzubauen und als Netzwerkcarrier zu bestehen, aber trotz allem weniger Kunden die Fluglinie buchen, dann soll dies hinterfragt werden. Dies alles muss bei der Bewertung der Nützlichkeit von CRM-Systemen beachtet werden.

Nachfolgend wird die Umsetzung der unterschiedlichen Aspekte, welche in die Thematik des CRM einfließen, dargestellt und unter dem Blickwinkel der nachhaltigen Kundenbindung beleuchtet.

6.3.1 Qualitätsanforderungen als Ausgangspunkt

Grundsätzlich sieht sich die Qualitätsmanagementabteilung mit zwei Arten von Qualitätsmanagement konfrontiert. Zum einen gilt es, die gesetzlichen Compliance-Vorgaben seitens der EU einzuhalten, die für alle Aktiengesellschaften und Unternehmen ab einer bestimmten Größe gelten. Diese besagen, dass wichtige Prozesse der Dokumentation bedürfen und einem Verantwortlichen zuordenbar sein müssen. Zum anderen widmet sich dieser Bereich der Dienstleistungsqualität mit dem Inhalt, die qualitativen Zielsetzungen im Unternehmen mitzubestimmen und die Erreichung und Einhaltung mittels Kennzahlen zu messen. Beispiele für gesetzte Ziele wären im Flugbetrieb die Freundlichkeit der Flugbegleiter, bei den Ground Operations die Wartezeiten am Check-In und im IT-Bereich die Kompetenz und Höflichkeit der Mitarbeiter am Telefon.

„Das oberste Ziel ist aber immer die Ausrichtung aller Aktivitäten hin zum Kunden“ (Hölbl, 2010, o. S.). Da jede Leistung, welche am Kunden erbracht wird, mit Prozessen verbunden ist, müssen diese mit dem obersten Ziel abgestimmt werden. Dabei sollte eine Effektivitätssteigerung unter der Auflage der Kostensenkung erfolgen, gleichzeitig aber auch die Wahrnehmung beim Kunden nicht verändert werden. Werden die Qualitätsreduktionen so weit vorangetrieben, dass sich beim Kunden die Bereitschaft der Abwanderung verstärkt, so müssen zuletzt getätigte Reduktionen sofort rückgängig gemacht werden.

Bei allen Tätigkeiten ist auch die interne Kontrolle im Unternehmen ein wichtiger Bereich. Dabei wird versucht, wichtige Prozesse, die Kostenfaktoren darstellen, zu normieren. Über allen Qualitätsanforderungen steht die wirtschaftlich kritische Situation des Unternehmens. So wurden personelle Einsparungen vorgenommen, wodurch bei gleichbleibenden Überschriften die Tiefe der Umsetzung auf ein Minimum reduziert wird. Dies macht sich auch in der objektiven und subjektiven Qualitätsmessung bemerkbar.

6.3.1.1 Objektive Qualitätsmessung

Die in der Theorie beschriebenen Möglichkeiten der objektiven Qualitätsmessung wurden auch in der Praxis umgesetzt. So wurden Expertenbeobachtungen in Form von Reviews entlang der Kundendienstkette regelmäßig durchgeführt, beispielsweise in Form von Messungen der Wartezeiten am Check-In. Auch das Programm des Mystery Shoppings wurde ausgearbeitet und kurzzeitig eingeführt. Durch Kundenbefragungen konnten Dienstleistungstests durchgeführt werden, welche Aufschluss über neu eingesetzte Produkte ergaben. Darüber hinaus wurde ein Quality Award entwickelt, welcher an das europäische Modell des Qualitätsmanagements European Foundation for Quality Management, EFQM, angelehnt war.

Durch die vorherrschenden wirtschaftlichen Zeiten wurde, bis auf die Dienstleistungstests durch Kundenbefragungen, aus Einsparungsgründen alles eingestellt. Eine wiederholte Einführung der Aktionen ist bis auf weiteres nicht geplant.

6.3.1.2 Subjektive Qualitätsdarstellung

Bei der subjektiven Qualitätsdarstellung werden im Unternehmen keine streng abgegrenzten Messungen vorgenommen. Von den merkmalsorientierten Parametern wird die Willingness to Pay-Bereitschaft, ebenso wie die

Vignettenmethode und die integrierte Qualitätsmessung in Kundenbefragungen regelmäßig überprüft, ebenso gilt die problemorientierte Messung im Bereich der Problementdeckungsmethode durch einen regelmäßigen Beschwerdecheck als relevant. Es erfolgt eine Reihung der Top-Beschwerden nach der FRAP, unabhängig davon, über welchen Kanal der Kunde diese einbringt. Bei Häufung oder Abweichung vom Standard wird in der verantwortlichen Abteilung der Grund dafür analysiert und ausgewertet, um von diesem Rückschlüsse auf einen Prozess- oder Systemfehler zu erlangen, oder ein nur einmaliges Auftreten aufzuzeigen. Ereignisorientierte Messmethoden kommen in der Form nicht zum Einsatz.

Diese Methoden werden regelmäßig in Passagierbefragungen eingebaut, abgefragt und quartalsweise ausgewertet, es sei denn, es besteht anlassbezogen die Notwendigkeit eines sofortigen Ergebnisberichts.

6.3.1.3 Auswirkungen der wirtschaftlich schwierigen Zeiten

Gerade im Bereich der Dienstleistungsqualität wird die Auswirkung der Wirtschaftskrise deutlich. Es müssen Qualitätseinsparungen im Sinne einer Kostenreduktion in allen Bereichen entlang der Kundendienstkette getroffen werden, nicht nur, wie eben beschrieben, in der Qualitätsmanagementabteilung. In Krisenzeiten gilt es eben allgemein, die Qualität auf das Wesentliche zu reduzieren.

Zurzeit geht man in die Richtung, die Qualität herabzusetzen, aber trotzdem der Marke treu zu bleiben. Dies gestaltet sich schwierig, da Reduktionen nicht immer mit dem Qualitätsmanagement besprochen werden, sondern durch das vorherrschende Diktat der Kosten vorgegeben werden. Ein Zuviel an Reduktion wird oftmals erst durch Zielabweichungen aufgedeckt. „Es gibt keinen Erfahrungswert, wann die Sollbruchstelle bricht“ (Bierwirth, 2010, o. S.). Als ein wichtiger Anhaltspunkt dafür, dass das Unternehmen zu viel an Qualität reduziert hat und der Kunde abwandert, dienen externe Medien. Sobald diese berichten, dass die Austrian Airlines Group nicht mehr dem Standard entspricht, muss nachjustiert werden. Da es bis dato noch keine Meldungen in diese Richtung gibt, ist die Sollbruchstelle noch nicht erreicht worden und eine weitere Reduktion mit Blick auf den Kostenfaktor möglich.

Ziel sollte sein, dass der Kunde von den Einsparungen möglichst wenig bemerkt. Jedoch ist dies bei den großen Einschnitten, die derzeit gemacht werden müssen, nicht mehr möglich. Daher versucht man mittels Marktforschung im Vorfeld zu erheben, welche Annehmlichkeiten für den Kunden entbehrlich sind. Kundenbefragungen, die direkt auf das Problem der Reduktion, auf Grund der schwierigen Zeiten, eingehen, werden nicht durchgeführt.

Im Bereich der Statuskunden finden keine qualitativen Reduktionen statt. Diese Kundengruppe wird auf Grund ihrer Wichtigkeit für das Unternehmen von Einsparungen ausgenommen, da eine Abwanderung dieser unter allen Umständen verhindert werden muss.

6.3.2 CRM-Komponenten im operativen Bereich

Innerhalb der Austrian Airlines Group wird der operative Bereich des CRM groß geschrieben. Dabei liegt der Schwerpunkt auf der Kundenbindung und dem damit verbundenen Vielfliegerprogramm Miles & More der Star Alliance, welches den Ausgangspunkt für beinahe alle Aktivitäten dem Kunden gegenüber darstellt. Als wichtiger Gradmesser für den Erfolg gesetzter Aktionen und der Überprüfung des gelebten „WE CARE“ Gedankens entlang der Kundendienstkette dient die Abteilung des Beschwerdemanagements. Beide zusammen bilden das Herzstück des gelebten luftfahrtspezifischen Kundenbeziehungsmanagements.

CRM bedeutet in diesem Zusammenhang aber auch, dass Kunden individuell und direkt angesprochen werden können und auf Grund ihrer Wünsche ein Profil erstellt wird, um mögliche Cross Selling Varianten auszuschöpfen. Lufthansa hat diesbezüglich bereits ein sehr gutes Tool eingeführt, der Einsatz innerhalb der Austrian Airlines Group ist bereits in Planung.

6.3.2.1 Kundenbindung

Eines der wesentlichsten Ziele ist, den Kunden nachhaltig an das Unternehmen zu binden. „Die Kundenbindung ist die Primärhaltung für alle Mitarbeiter“ (Baumgartner, 2010, o. S.). Dies geschieht in den Abteilungen auf unterschiedliche Art, jedoch immer verbunden mit dem wichtigsten Kundenbindungsprogramm Miles & More der Star Alliance. Der Kunde soll sich im Unternehmen entlang der gesamten Servicekette nicht nur gut aufgehoben fühlen, er soll begeistert sein. Nur dadurch wird gewährleistet, dass die Fluggesellschaft auch weiterempfohlen wird. „Das Set-Up von Austrian ist die Kundenbindung“ (Bierwirth, 2010, o. S.).

Die verschiedenen Instrumentenansätze nach dem klassischen Marketing-Mix werden in unterschiedlicher Intensität eingesetzt, am stärksten ausgeprägt ist aber, bedingt durch das Bonusprogramm Miles & More, der kommunikative Ansatz.

Um ein möglichst getreues Abbild der Wirklichkeit zu bekommen werden täglich Passagierumfragen erhoben. Diese dienen primär der Zufriedenheitsabfrage auf Linienflügen und werden zeitnahe über den E-Mailkanal versendet. Dabei bekommt der Kunde auch online die Möglichkeit, 500 Zeilen lang offene Fragen zu positiven und negativen Erlebnissen anlässlich seiner Flugreise anzugeben. Dies gilt einerseits zur Stimmungserhebung generell und andererseits auch als Hygienefaktor, da der Passagier die Möglichkeit bekommt, seine Sicht der Dinge dem Unternehmen kundzutun. Gesamt jedoch trägt dies zur nachhaltigen Kundenbindung bei, da der Kunde sich mit seiner Meinung im Unternehmen wertgeschätzt fühlt.

6.3.2.1.1 Miles & More

Da die Austrian Airlines Group zu klein für ein eigenes Vielfliegerprogramm aufgestellt ist, partizipiert sie als Mitglied der Star Alliance an deren Programm Miles & More. Für Teilnehmer dieses Vielfliegerprogramms besteht die Möglichkeit, auf allen Flügen innerhalb der Star Alliance Gruppe Bonusmeilen zu sammeln und diese dann auf unterschiedliche Art einzulösen. Des Weiteren werden auch Unternehmen außerhalb der Luftfahrt für Kooperationen geworben. So ist es etwa Mitgliedern des Programms möglich, bei ausgewählten Modehäusern mit jedem Einkauf Bonusmeilen zu sammeln.

Die Kundenbindung dieses Programms wird darauf aufgebaut, dass Kunden, die das Programm vielfach nutzen und dadurch Meilen sammeln, den Status von Stammkunden erreichen. Innerhalb der Statuskunden wird, nach geflogenen Meilen gestaffelt, in Frequent Traveller, Senator und HON Circle Member unterschieden, und diverse Zusatzleistungen entlang der gesamten Servicekette geboten. Eine dieser Leistungen, die nur von Netzwerkfluglinien geboten werden, ist der Zutritt zu den Vielfliegerloungen. Die Austrian Airlines Group betreibt eigene Loungen in Wien und Moskau, an allen anderen Destinationen werden die Einrichtungen der Star Alliance Partner vor Ort mitbenutzt.

Statuskunden, die innerhalb von zwei Jahren 600 000 Flugmeilen ansammeln, haben den höchsten Status, der als HON Circle Member bezeichnet wird. Diese

Mitglieder zählen zum Topkundenbereich, dem die meiste Aufmerksamkeit gewidmet wird. So ist eine eigene Lounge für sie bereitgestellt, wo der Check-In, die Pass- und Sicherheitskontrolle erledigt werden können. Ein Limousinenservice bringt die HON Circle Member ohne Wartezeit direkt an Bord des gewünschten Fluges. Das oberste Gebot ist, diesen Kunden Zeit zu sparen, indem die Wege verkürzt werden. Das Call Center erkundigt sich im Vorfeld über individuelle Wünsche während der Reise und bei auftretenden Problemen werden diese gesondert behandelt. Jede weitere Kommunikation wird durch den Vorstand persönlich geführt. Das Unternehmen ist bestrebt, diese Kunden unter allen Umständen zu binden und zufriedenzustellen. Daher wird in diesem Bereich die Kundenbindung auch in wirtschaftlich schwierigen Zeiten ohne Einschränkung aufrechterhalten.

In der Miles & More Datenbank werden alle Profile des Kunden gespeichert und verwaltet, nicht nur nach Kontakt- und demografischen Daten, sondern auch nach den Verhaltensmustern, wie der Kunde die Fluggesellschaft nutzt, geordnet. Zusammenfassend werden dann die Daten von etwa 650 000 Miles & More Mitgliedern in Österreich geclustert, vorrangig diese der 36 Prozent aktiven Kunden, die in den letzten 12 Monaten geflogen sind. Die so gewonnenen Informationen werden dann für verschiedenste Zwecke genutzt, welche sich in drei Kategorien einteilen lassen.

Zu der ersten Kategorie zählen die Aktionen, die regelmäßig durchgeführt werden. Hierbei wird ein Kundendialog aufgebaut, der dazu führen soll, den Kunden an das Unternehmen zu binden und ihn bei den Karriereschritten innerhalb des Programms zu begleiten. Es werden aber auch persönliche Aktionen, wie etwa Geburtstagsmailings, durchgeführt. Der Kontoauszug über den jeweils aktuellen persönlichen Meilenstand wird für den Kunden im monatlichen Newsletter ersichtlich, der ihm online zugestellt wird.

Die zweite wichtige Funktion des Datenclusters ist die Nutzung der so gewonnenen Informationen zu Marketingzwecken. Dabei wird eine, auf das jeweilige Profil abgestimmte, Werbeaktion an den Kunden herausgegeben. Dies erfolgt in regelmäßigen Abständen und enthält Angebote, welche auch eine Incentive-Motivation, wie etwa die Verdoppelung von Meilen bei Buchung von bestimmten Flügen, beinhalten.

Die dritte große Kategorie dient den Angeboten nach dem erstellten Kundenprofil für Flüge der Austrian Airlines Group selbst. Hier kann man ebenfalls mit gezielten

Marketingaktionen die Kunden anschreiben und für das Werbeangebot gewinnen, was auch durch den Persönlichkeitsaspekt zur Loyalität dem Unternehmen gegenüber beiträgt.

Miles & More wird auch pro aktiv betrieben. CRM-Instrumente und –Programme helfen dem Unternehmen, von sich aus Kunden ganz gezielt anzuschreiben, wenn sie beispielsweise kurz vor einem Statuswechsel stehen. Diesem werden dann Angebote, wie beispielsweise Incentivierungen in Form von Meilen, unterbreitet, damit er die nächste Stufe erlangt.

Der Bereich Miles & More unterliegt hohen Qualitätsanforderungen, nicht zuletzt durch die Zusammenarbeit mit anderen Qualitätsfluggesellschaften. Sowohl bei der Partner-, als auch bei der Markenauswahl werden nur seriöse Unternehmen ausgewählt. Darüber hinaus liegen auch eigene Wording- und Brandrichtlinien auf, damit das Produkt vom Kunden gut angenommen wird.

6.3.2.1.2 Business Sales

Unabhängig von der Kundenbindung durch das Vielfliegerprogramm Miles & More erfolgt die Betreuung und Bindung der Geschäftskunden durch den Business Sales. Dieser wird in zwei Bereiche untergliedert, welche sich durch definierte Umsatzgrenzen unterscheiden. Auf der einen Seite steht der Business Sales Outdoor, welcher Kunden persönlich vor Ort betreut, die eine Umsatzgrenze ab 100 000 Euro pro Jahr erzielen. Auf der anderen Seite betreut der Business Sales Indoor die Kunden, welche diese Umsatzgrenze nicht erreichen, für das Unternehmen aber trotzdem von Wichtigkeit sind. Dies geschieht ab einem Umsatz von 18 000 Euro. Geschäftskunden unter dieser Umsatzschwelle werden zwar beobachtet, erhalten aber keine gesonderte Betreuung durch einen Key Account Manager.

Neben dem Business Sales besteht auch die Möglichkeit der Businesskundenakquirierung durch eine eigene Akquise, welche dann aktiv tätig wird, wenn ein neues Unternehmen zur Gründung angemeldet ist. Ziel hierbei ist es, das neue Unternehmen von Beginn weg als Geschäftskunden zu gewinnen.

Kundenbindung wird in dieser Abteilung mittels eigener Programme durchgeführt. Zu diesen zählen einerseits Corporate Loyalty oder Incentive Programs, CLP oder CIP, welche jedoch als überholt gelten (vgl. Schnecke, 2010, o. S.), da in diesem Bereich die Kunden durch sie kaum mehr gehalten werden können. Geschäftskundenbindung wird andererseits mittels Corporate Net Rates, CNR, angeboten. Diese garantieren Rabatte für Unternehmen bei bestimmter Mengenabnahme. Dabei gilt ein vorgegebener Rahmen, die Verhandlungen erfolgen aber mit jeder Firma einzeln. Ziel dabei ist es, durch attraktive Raten die Bindung dieser Geschäftspartner an das Unternehmen zu stärken. Die Preisreduktion wird pro definierte Strecke ausverhandelt und über einen begrenzten Zeitraum garantiert, zumeist für ein halbes Jahr.

Darüber hinaus wird von Seiten der Star Alliance ein kostenloses Firmenbonusprogramm angeboten, welches als Star Alliance Company Plus, SACP, bezeichnet wird. Unternehmen wird es damit möglich, Meilen gebündelt und personenunabhängig zu sammeln und für Freiflüge, Upgradings oder Sachprämien einzulösen.

Der Business Sales erfolgt durch die Key Account Manager. Diese sind Experten in ihrem Fach und haben ein umfassendes Wissen bezüglich Produkt, Tarifgestaltung, Markt und Kundenbindungsprogramme der Konkurrenz. Der Qualitätsanspruch an die Mitarbeiter dieser Abteilung liegt hoch, da sie direkt am Kunden agieren, aktiv auf ihn zugehen und mit dem Kunden das Beste für ihn herausholen sollten. „Sie müssen wissen, wo das Potential am Markt liegt" (Schnecke, 2010, o.S.), damit sie einen wichtigen Beitrag zur Kundenbindung leisten können.

Die Schaffung des Indoor Bereichs kann als Qualitätseinsparung betrachtet werden, da Geschäftskunden der Austrian Airlines Group zuvor, unabhängig von Grenzen, persönlich betreut wurden, was jetzt allerdings bis zu oben genannter Umsatzschwelle telefonisch oder per E-Mail erfolgt. Die Aufteilung in den Indoor- und den Outdoor-Bereich entspricht jedoch der Richtlinie des Konzerns und wird dadurch von diesem mit den dazu notwendigen Tools unterstützt, um den Indoorbereich trotzdem erfolgreich zu gestalten.

6.3.2.1.3 Leisure Sales

Das Gegenstück zum Business Sales stellt die für eine Luftfahrtgesellschaft wichtige Sparte des Leisure Sales dar, in dessen Zuständigkeit die Bereiche Reisebüros und Tour Operators fallen. Bei der Kundenbindung durch Incentives muss aber immer auf die Regelungen bezüglich Wettbewerb und marktbeherrschender Stellung geachtet werden. Daher werden hier zwar Umsatzschwellen eingesetzt, jedoch erfolgt eine Gleichbehandlung bezüglich dieser unter allen Kunden des Leisure Sales.

Bei dieser Sparte der Geschäftskunden, dem B2B Bereich, wird ein neues Reisebüroprogramm eingeführt, welches auf Basis von Incentives für den Agenten, der die Flugbuchungen vornimmt, aufgebaut ist. Für jede Buchung der Fluglinie werden Punkte vergeben, welche dann eingelöst werden können. Ziel dieses weltweit betriebenen Programms ist die Bindung des Agenten an das Unternehmen.

6.3.2.2 Beschwerdemanagement

Das Beschwerdemanagement innerhalb der Austrian Airlines Group ist darauf ausgelegt, Feedback entlang der Kundendienstkette aufzunehmen und dem Kunden zu beantworten. In den Verantwortungsbereich dieser Abteilung fällt daher jegliches sowohl positives, als auch negatives Feedback über die Themenbereiche Gepäck, Verspätungen, Streichung von Flügen und zwischenmenschliche Belange und die daraus entstehenden Kompensationen.

Das Unternehmen kann über unterschiedliche Kanäle kontaktiert werden, jedoch nicht mehr per Telefon. Der Hauptteil der Feedbacks von etwa 65 Prozent wird über E-Mail eingebracht, der Rest via Fax, Brief oder Letter to the President, der an Bord ausgefüllt werden kann.

Jeder Agent der Abteilung kann selbst verfügen, welche Kompensationen an den Kunden innerhalb eines vorgegebenen Rahmens abgegeben werden können. Die Auswahl ist vielfältig und reicht von Geldleistungen über Blumen, Sachertorten und Prepaid-Karten, bis hin zu Freiflügen und Gutschriften von Meilen für das Vielfliegerprogramm. Des Weiteren werden auch Gegenstände aus dem Jetshop der Austrian Airlines Group verteilt, welche zusätzlich den Marketingeffekt der Identifikation mit dem Unternehmen beinhalten. Sehr gut angenommen werden darüber hinaus auch Do & Co-Dinnergutscheine und Gutscheine der Casinos Austria.

Die Vergabe von Kompensationen wird nicht automatisch vorgenommen, da nicht jeder Kunde zufrieden gestellt werden kann und dies auch so kommuniziert wird. „Das Beschwerdemanagement sieht sich als letztes Bindeglied, bevor der Kunde verlorengeht" (Ebner, 2010, o. S.). Dies wird jedoch nach der Wertigkeit des Tickets abgestuft. Bei Aktionstickets, den so genannten Red Tickets, bleibt dem Unternehmen kaum ein Revenue, was dazu führt, dass die Agenten bei diesen Kunden nicht alle Kompensationsmöglichkeiten ausschöpfen können und manche Handlungen standardisieren müssen. Bei hochwertigen Tickets wie beispielsweise von Businesskunden und HON Circle Members wird hingegen noch individueller betreut und die Grenzen ausgeschöpft.

6.3.2.2.1 CRM-Tools

In der Beschwerdemanagementabteilung der Austrian Airlines Group ist kein eigenes Feedback-CRM-Tool vorhanden, wodurch die Möglichkeit entfällt, ein komplettes Bild vom Kunden aufzubauen. Somit kann nicht auf die individuellen Wünsche der Kunden eingegangen werden, da auch eine anderweitige Beschaffung der Informationen mit großem Aufwand für das Unternehmen verbunden wäre.

Innerhalb des Bereichs wird mit der Datenbank von Miles & More gearbeitet. Diese ist jedoch nur bei Mitgliedern des Programms zielführend, darüber hinaus fehlt die generelle Möglichkeit der Eingabe von Daten, außer bei Kompensation durch Meilengutschrift. Danach ist im System ersichtlich, welche Meilen auf Grund von Beschwerden gutgeschrieben wurden.

In der Konzernzentrale der Austrian Airlines Group in Wien wird nur die Beschwerdebehandlung von Westeuropa vorgenommen. Hier wird mit einer eigenen kleinen Kundendatenbank gearbeitet, welche nur die Beschwerden vor Ort beinhaltet und darüber hinaus nicht für andere Abteilungen einsehbar ist. Alle weiteren Beschwerden werden an den zuständigen Außenstationen aufgenommen und bearbeitet, jedoch ebenfalls ohne verknüpfte Feedback-Datenbank. Wird nun eine Beschwerde in Wien eingebracht und vom selben Kunden eine weitere im Ausland gesetzt, so können diese nicht mit dem Kunden zu einem Gesamtbild verknüpft werden, was nicht förderlich im Sinne der Kundenbindung und -loyalität ist.

6.3.2.2.2 Besonderheiten im Konzern

Innerhalb der Austrian Airlines Group wird die individuelle Kundenbetreuung im Bereich des Beschwerdemanagements als wichtig angesehen. Dies gilt als Wettbewerbsvorteil, zumal die Mitbewerber dies nicht in der gleichen Form individuell umsetzen. So wird der Kunde im Sinne einer Beschwerdestimulierung dazu aufgefordert, bei Fragen oder wieder auftretenden Problemen, sich sofort an das Unternehmen zu wenden. Bei standardisierten Beschwerdeformularen, die über unterschiedliche Kanäle zu beziehen sind, erhält der Kunde ebenfalls ein Antwortschreiben, um ihm zu zeigen, dass sein Feedback angekommen ist und weitergeleitet wird. Dies trägt wesentlich zur Bindung des Kunden an das Unternehmen bei.

Wenn sich durch die Nutzung der Miles & More Datenbank herausstellt, dass der Kunde noch kein Mitglied im Vielfliegerprogramm ist, so wird ihm ein Link zugeschickt, der es ihm ermöglicht, auf einfache Weise beizutreten.

Die Bearbeitungszeit der Beschwerden wird je nach Kundenstatus gestaffelt. So erhält ein HON Circle Member innerhalb von 24 bis 48 Stunden, ein Senator oder Frequent Traveller innerhalb von drei Werktagen, alle anderen Kunden innerhalb von maximal acht Werktagen eine Reaktion auf sein Feedback. Dies wird eingehalten, obwohl die Beschwerden nicht computerisiert bearbeitet werden und damit viel Arbeit bedeuten. Im Benchmark-Vergleich zeigt sich, dass Austrian Airlines die Beste innerhalb der Star Alliance Gruppe ist.

Der Kunde erhält die Antwort primär schriftlich, jedoch besteht auf Wunsch auch die Möglichkeit eines telefonischen Gesprächs, besonders für Statuskunden. Die Kommunikation mit den HON Circle Members übernimmt der Vorstand der Austrian Airlines Group persönlich. Auch Kundenbeschwerden, die direkt an den Vorstand gerichtet sind, werden durch ihn persönlich beantwortet, da diese einen wichtigen Qualitäts- und Gradmesser in Bezug auf die Frage darstellen, wo das Unternehmen steht. Es gilt als „Feedback above average", da es bereits davor schon überprüft worden ist, erst als letzte Schleife zum Vorstand gelangt und daher als sehr wichtig gilt.

6.3.2.2.3 Internationaler Aspekt

Bei einem über die Grenzen des Standortes agierenden Unternehmen, wie es in der Luftfahrt der Fall ist, muss der internationale Aspekt in das Beschwerdemanagement miteinbezogen werden. Bei Austrian Airlines wird dem Rechnung getragen, indem am Standort Wien durch die Mitarbeiter der Abteilung acht Sprachen abgedeckt werden. Alle weiteren Belange außerhalb von Westeuropa werden durch die Dezentralisierung in der Landessprache vor Ort erledigt.

Die Dezentralisierung beinhaltet auch den kulturellen Aspekt, den es zu berücksichtigen gilt, da die verschiedenen Kulturen ein unterschiedliches Beschwerdeverhalten aufweisen. Auch hinsichtlich der Erwartungen bezüglich Kompensation ist dieser Faktor von Bedeutung, um Beschwerdezufriedenheit zu erreichen. Daher werden länderspezifische Abteilungen beispielsweise in Kairo für den arabischen Raum zusammengefasst, in Israel und Japan wird jeweils vor Ort eine eigene Beschwerdemanagementabteilung geführt.

6.3.2.3 Operatives CRM in wirtschaftlich schwierigen Zeiten

Die wirtschaftlich schwierigen Zeiten, in denen sich das Unternehmen, nicht zuletzt auch ausgelöst durch die Wirtschaftskrise, befindet, sind in allen Bereichen merkbar. Nicht nur, dass in personeller Hinsicht viele Einschnitte getätigt wurden, auch der Kunde hat die Auswirkungen spürbar an Einschränkungen des Produktes erfahren müssen. Nachfolgend werden vor allem die Auswirkungen im Bereich der Kundenbindung und des Beschwerdemanagements aufgezeigt.

6.3.2.3.1 Auswirkungen auf die Kundenbindung

Die Auswirkungen der Wirtschaftskrise im Bereich Kundenservice und Produktmanagement sind massiv, denn alles, was im Service nicht benötigt wird, wird gekürzt. Das so genannte „Nice to have“, also die Dinge, die nicht unbedingt notwendig sind, gibt es nicht mehr, beispielsweise die Farewell-Schokolade in der Business Class. Des Weiteren werden alle Investitionen, welche einen Return on Investment über zwei Jahre beinhalten, aufgeschoben. Normaler Weise sollten Einschnitte so getroffen werden, dass der Kunde nichts davon merkt, indem das Unternehmen versucht, das Defizit durch andere Dinge zu kompensieren. Jetzt jedoch erfolgen auf Grund der vehementen Krise die Einsparungen auch auf Kosten des Kunden.

Durch Erhebung der Kundenmeinung versucht die Marktforschungsabteilung des Unternehmens im Vorfeld herauszufiltern, welche Annehmlichkeiten für den Kunden entbehrlich sind. Dies wird durch eine Conjoint-Analyse ermittelt, wobei nicht direkt, sondern im Vergleich abgefragt wird, was auf der einen Seite sehr aufwendig ist, auf der anderen Seite aber ein genaues Bild von dem liefert, was der Kunde will. Dabei ist aber immer zu berücksichtigen, dass sich nicht nur die Marken und Produkte verändert haben, sondern auch das Kundenverhalten. Der Kunde optimiert nicht nur in Zeiten der Krise seinen Nutzen, wodurch seine Wechselbereitschaft höher ausgeprägt ist, auch begründet damit, dass sich die Mitbewerber nicht mehr wesentlich voneinander unterscheiden. Dies impliziert die Problematik, dass sich alles schnell verändert, wodurch das Verhalten des Kunden nicht mehr einschätzbar und realistisch abfragbar ist. Das Unternehmen sieht sich dem hybriden Kunden gegenüber, der sowohl marken-, als auch preisbewusst ist und daher das Beste zum geringsten Preis will. Dies ist jedoch nicht mehr verwirklichbar.

Beim Kundenbindungsprogramm Miles & More werden kaum Einschränkungen betrieben. Hier liegt oftmals die Auswirkung auf der Seite der Kunden, indem sie ihren Status dadurch verlieren, dass sie nicht mehr so viele Flugmeilen absolvieren. In diesem Fall wird sogar aktiv mit Angeboten seitens Austrian Airlines gegengesteuert, um den Status des Kunden zu halten.

Das Vielfliegerprogramm ist ein wirtschaftlich gutes Instrument und geeignet, um den Kunden auch in wirtschaftlich schwierigen Zeiten zu binden. Dabei ist es essentiell, auch jetzt zum Kunden zu stehen. Dies stellt auch einen wichtigen Grund dar, warum es zu keinen Kürzungen im Bereich des Marketings gekommen ist. Von der Kundendialogseite ist nichts von Einschränkungen bemerkbar, da Marketing trotz Krise aktiv betrieben werden muss, vor allem im Bereich des Direktmarketing durch Aussenden von Newslettern, E-Mails und dem Erstellen eines optimalen Medienmix für die entsprechenden Zielgruppen.

Der Bereich der Statuskunden, und hier insbesondere der Loungenbereich, hat die Auflagen, die Kosten zumindest zu halten oder zu senken. Dabei liegt die Herausforderung darin, aus wenig Geld etwas zu kreieren, die Qualität zu halten und trotzdem dem Kunden ausreichend zu bieten. Im Statusbereich der Senatoren und der HON Circle Member dürfen keine Veränderungen stattfinden, da diese Kundengruppen das Unternehmen nachhaltig unterstützen. Dadurch, dass sie an Bord des Flugzeuges schon mit Einschränkungen konfrontiert werden, ist die Auflage, das Service rundherum gleich zu belassen. Daher werden Umschichtungen weg von den regulären Business-Class-Loungen hin zu den Statuskunden-Loungen vorgenommen. Diese sind aber trotzdem noch qualitativ sehr gut aufgestellt im direkten Vergleich innerhalb der Star Alliance Gruppe.

In der Abteilung für Business- und Leisure Sales mussten auf Grund des Verbundvertriebes mit Lufthansa und Swiss und den daraus entstandenen Synergien keine großen Einschnitte vorgenommen werden, jedoch gilt es mehr denn je, eine effektivere Gestaltung der Kundenbeziehungen umzusetzen und die Kunden auch zu monitoren, ob der Arbeitsaufwand in Korrelation mit den Einnahmen, die der Kunde bringt, steht. Darüber hinaus reicht die Produktpalette des Verbundvertriebs vom Billigflieger bis hin zum Lufthansa Privatjet und deckt damit auch alle Kundenwünsche im Businessbereich ab, was der Kundenzufriedenheit dienlich ist.

6.3.2.3.2 Beschwerdemanagement in der Krise

Das Arbeiten in der Beschwerdemanagementabteilung wird durch die vorherrschenden Zeiten insofern erschwert, dass die Stimmung der Passagiere und letztlich auch der Medien gegenüber der Austrian Airlines Group auf Grund der getätigten notwendigen Einschränkungen nicht gerade positiv geprägt ist. Darüber hinaus gibt es aber keine Einschränkungen in Bezug auf Kompensationen, die Mission „WE CARE" wird in diesem Bereich hochgehalten.

Da der Mitarbeiterstand reduziert wurde, musste eine Umstrukturierung der Kanäle, über die der Kunde das Unternehmen erreichen kann, erfolgen. Diese wurde dahingehend durchgeführt, dass der aktive Telefonkanal nicht mehr existiert und die Austrian Airlines Group im Falle einer Beschwerde nur mehr schriftlich kontaktiert werden kann.

Auch einige Prozesse wurden verändert und zu den Außenstationen dezentralisiert verlagert. Beispielsweise erhält der Kunde bei Gepäcksschäden vor Ort sofort von der dort zuständigen Stationsbetreuung eine Kompensation, was, nach dem Vorbild von Lufthansa, im Sinne des Kunden optimiert wurde.

6.3.3 Einsatz analytischer CRM-Instrumente

Der Einsatz analytischer CRM-Instrumente, im Sinne von Data Warehouse und Data Mining innerhalb der Austrian Airlines Group, beschränkt sich auf das Vielfliegerprogramm Miles & More, welches das Konzept der Star Alliance Gruppe verwendet und das wichtigste CRM-Instrument im Konzern darstellt und den Business- und Leisure Sales, welcher die Instrumente im Verbundvertrieb nutzt.

In den übrigen Abteilungen kommen keine eigenen analytischen CRM-Komponenten zum Einsatz, jedoch arbeiten viele Abteilungen entlang der Kundendienstkette mit den Datenbanken des Vielfliegerprogramms.

Gerade in der oben beschriebenen Beschwerdemanagementabteilung fehlt eine gemeinsame Datenbank, um alle Daten des Kunden zu generieren und, mit den dezentralen Stellen verlinkt, den Kunden umfassend nach seinen Wünschen betreuen zu können. Dies würde den Weg ebnen, vom reinen CRM, hin zu einem kombinierten CFM, Customer Feedback Management. Auch die Kundenbefragungen werden nicht anhand von CRM-Datenbanken durchgeführt, sondern mittels SPSS als Statistiken ausgewertet, jedoch werden unterstützend Instrumente angekauft, die bei der Datenverwaltung helfen.

6.3.3.1 Miles & More Datenbank

Die Datenbank des Vielfliegerprogramms Miles & More beinhaltet neben den Kontaktdaten des Kunden auch sein Profil, seine demografischen Daten und seine Verhaltensmuster beim Fliegen, die im Data Warehouse gesammelt sind. Darüber hinaus kann eingesehen werden, ob die Beschwerdemanagementabteilung bereits Kompensationen in Form von Meilen abgegeben hat, da diese in der Datenbank gesondert angegeben sind. Diese so generierten Daten werden dann, gezielt für den regelmäßigen Kundendialog, Promotion und Angebote zu Marketingzwecken und Angeboten der Austrian Airlines Group, selbst genutzt.

Die Qualitätsmanagementabteilung, die ebenfalls nicht unmittelbar ein CRM-Instrument in der Abteilung einsetzt, generiert die relevanten Daten für die Auswertung der Zielabweichungen aus den eingesetzten CRM-Datenbanken. Des Weiteren ist es auch möglich, bei Kundenbefragungen im Star Alliance Bereich, die Fragestellung unmittelbar zu beeinflussen, um Wertigkeit und Sinnhaftigkeit aus Qualitätssicht herauszufiltern und die Befragung von der qualitativen Seite aus zu lenken. Dadurch lassen sich die Systeme des CRM auch punktuell beeinflussen.

Entlang der Kundendienstkette partizipieren andere Abteilungen ebenfalls an der Datenbank der Star Alliance, da nur hier das Kunden-Tracking und somit das Beobachten des Kundenverhaltens und das Hinterfragen der Motive möglich ist. In diesem Sinne arbeitet auch die Kundenserviceabteilung mit diesem Data Warehouse und unterstützt Aktionen, damit diese quantitativ im Sinne von Kundenrecruiting ausgebaut werden können.

Auch das Loungenservice nutzt die Miles & More Datenbank als wichtigstes analytisches CRM-Instrument und steht in ständigem Kontakt mit den Kollegen dieser Abteilung. Da jedoch nur das Flugverhalten aus den Daten und damit nicht das Nutzungsverhalten der Loungen ersichtlich wird, müssen, da keine andere CRM-Methode zur Verfügung steht, gezielt auf diese Thematik abzielende Umfragen in Auftrag gegeben werden. Um dies zukünftig zu verbessern wird mit Sommerflugplan 2010 ein Loungetrackingsystem eingeführt, worin Kunden nach Status und Bordkarte erfasst und, verlinkt mit der Datenbank von Miles & More, Informationen ausgetauscht werden können. Dies gibt ebenfalls Aufschluss über das Kundenverhalten und unterstützt die Registrierung und Verrechnung, damit die Kosten unter Kontrolle gehalten werden können.

6.3.3.2 Analytisches CRM im Salesbereich

Die Austrian Airlines Group hatte im Bereich Business- und Leisure Sales ein eigenes, auf SAP-Lösung basierendes, CRM-Instrument im Einsatz. Durch den Verbundvertrieb mit dem Lufthansa-Konzern wurde jetzt auf deren CRM-Tools umgestellt, welche auch der dritte Verbundpartner Swiss nutzt und somit ein umfassender Informationsaustausch stattfinden kann.

Abbildung 6 zeigt die gesamte CRM-Umgebung des Verbundvertriebes. Austrian Airlines migriert bereits im Salesbereich auf fast alle diese Systeme, Teilmigrationen sind bereits abgeschlossen.

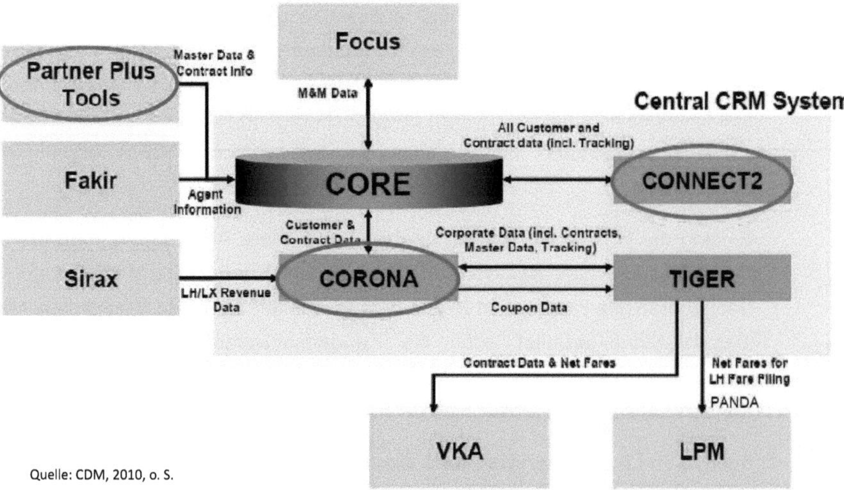

Abbildung 6: Analytische CRM-Umgebung im Verbundvertrieb

CORE stellt die zentrale Kundendatenbank dar, welche das Herzstück aller CRM-Systeme repräsentiert. In seiner Funktion dient es als zentrales Data Warehouse und beliefert alle angeschlossenen Systeme mit aktuellen und vor allem identischen Informationen, was als wesentlichste Eigenschaft gilt. Als wichtiger Verknüpfungspunkt, der mit dem System bereits verlinkt ist, gilt FOCUS, die Datenbank des Vielfliegerprogramms Miles & More. Darüber hinaus verbunden ist auch das Vertragsmanagementsystem TIGER und die Partner Plus Tools, zu denen das in den Kundenbindungsprogrammen beschriebene Firmenprogramm SACS zählt. Auch das CRM-System CONNECT, welches als Schnittstelle für die Mitarbeiter der Fachbereiche dient, ist an das zentrale Data Warehouse angeschlossen.

CONNECT stellt eine Datenbank dar, in der alle Kundendaten gespeichert werden. Als zentrale CRM-Schnittstelle dient sie den Mitarbeitern des Verbundbetriebes, allen voran Lufthansa, aber zum großen Teil auch Swiss und Austrian Airlines, um ein einfaches und effizientes Management der verschiedenen Datenmengen zu gewährleisten, die innerhalb der CRM-Umgebung verwendet werden. CONNECT beinhaltet verschiedene Module, die den Anwendern im Verbund unterschiedlich zur Verfügung gestellt werden.

Erstes Modul ist das Customer Data Management, in dem alle Profile und Daten aller Kunden gespeichert, aktualisiert und bereitgestellt werden. Dieses Instrument wird auch der Austrian Airlines Group im Salesbereich zur Datennutzung zur Verfügung gestellt.

Das zweite Modul ist dem CFM gewidmet, welches das Management, die Bearbeitung und die Analyse des Dialoges mit dem Kunden beinhaltet. Dieses Tool ist für das Beschwerdemanagement geeignet und wird dort auch eingesetzt. Leider hat die Austrian Airlines Group noch keinen Zugriff auf dieses CRM-Instrument der Verbundgruppe, jedoch ist der Einsatz langfristig geplant.

Auch die weiteren Module finden zurzeit keinen Einsatz innerhalb der Fluglinie, wobei auch hier ein Einsatz evaluiert wird. Dazu zählen das Customer Contact Management, das für die Abwicklung aller Marketing Aktivitäten, welche die Anmeldung von Kundeninformation und das Kampagnenmanagement miteinbezieht, verantwortlich ist und die Sales Force Automation, die eine Verkaufsunterstützung für die Vor- und Nachbearbeitung von Besuchen darstellt. Weiter gibt es noch das Sales Lead Processing, das sich auf die Entwicklung und das Nachverfolgen des Umsatzpotentials von Kunden fokussiert.

CORONA ist eine weitere Datenbank, die mit CONNECT verlinkt ist und ein zentrales Tool für Reports und Analysen darstellt. Diese gibt sowohl Einblick in Sales-, Revenue- und Buchungsdaten, als auch den Überblick über Firmen- und Agentendaten. Auf dieses hat die Austrian Airlines Group Zugriff, was für den Salesbereich essentiell ist.

Das SACP, oder auch Partner Plus Benefit, PPB, stellt, wie beschrieben, ein Kundenbindungsprogramm für Unternehmen dar. Im dazugehörigen CRM-System erfolgt die Vertragsabwicklung, die Eigenverwaltung der jeweiligen Unternehmenskonten, welche beispielsweise die Stammdatenverwaltung beinhaltet, die mit CONNECT verlinkt ist. Dazu zählen auch die Airline Revenue Daten inklusive der Firmenreports, die aufzeigen, welchen Ertrag das Unternehmen der Fluglinie bringt. Auch dieses System ist bei Austrian Airlines in Verwendung, da der Gruppenvertrieb für Österreich und die Slowakei gesamt von der Zentrale in Wien aus erfolgt.

Eine weitere analytische CRM-Komponente stellt das in der Business- und Leisure Sales Abteilung eingesetzte Scanner-Programm BARACUDA dar, welches in der Abbildung 7 vorgestellt wird.

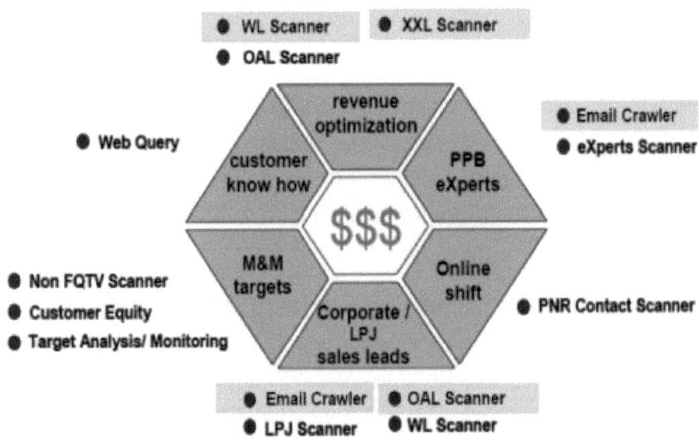

Quelle: Deutsche Lufthansa AG, 2010, o. S.

Abbildung 7: BARACUDA Scanner

Der Scanner-Programm BARACUDA arbeitet nach dem Prinzip, dass zusätzlicher Umsatz durch das Ausschöpfen von Kundendaten generiert wird, in dem wichtige Profile und Daten genauer überprüft werden. Ziel dieser Kundendatenanalyse und des Kundendatenmanagements in systematischer Form ist es, erhöhte

Kundenbindung zu schaffen, verstärkte Kundensegmentierung durchzuführen und detaillierte Kundenprofile zu nutzen. Darüber hinaus wird die Kundengewinnung, vor allem im Bereich der Vielfliegerprogramme, angestrebt. Dies kann durch gezielte Nutzung der Kundendaten erfolgreich umgesetzt werden.

Dies geschieht in den verschiedensten Sales-Bereichen. So werden beispielsweise Passagierlisten von Flügen der Star Alliance vom Programm darauf gescannt, wie die Kunden ihre Weiterflüge gebucht haben. Wenn diese nicht innerhalb der Star Alliance Gruppe weiterreisen, so versucht man sie aktiv zu rekrutieren.

Der Wait List Scanner kontrolliert die Wartelisten auf Flügen, die überbucht sind. Dabei werden die Kunden auf ihre Weiterflüge überprüft und ihnen passend dazu aktiv Alternativen innerhalb der Star Alliance Gruppe vorgeschlagen. Diese Umschichtung hat den Vorteil einer optimalen Auslastung innerhalb der Gruppe, da ein Wartelistenplatz weniger aufscheint, dafür ein anderer Flug besser ausgelastet ist. Dies trägt erheblich zur Vermeidung von Kundenunzufriedenheit bei.

Auch das Kundenbindungsprogramm Miles & More partizipiert am BARACUDA System. Kunden, welche der Fluglinie einen großen Umsatz bringen, aber noch nicht Mitglied des Bonusprogramms der Star Alliance Gruppe sind, werden vom System erkannt und aktiv rekrutiert.

Die Austrian Airlines Group migriert erst jetzt auf die Programme der Lufthansa. Doch die Projekte, die bereits laufen, bringen Zusatzrevenue und ermöglichen es, Alternativen zu prüfen, damit aktiv an den Kunden herangetreten werden kann.

6.3.4 Kommunikative CRM-Perspektiven

Da das kommunikative CRM alle Punkte, über die das Unternehmen mit dem Kunden in Kontakt tritt, beinhaltet, gilt es, auch diesen Punkt in der Austrian Airlines Group zu beleuchten. Dabei wurden bereits die Möglichkeiten, den Kundendialog aufzubauen und zu Marketingzwecken innerhalb des Kundenbindungsprogramms Miles & More zu nutzen, angeführt. Nachfolgend wird ein Blick auf die Einrichtung der Call Center und der modernen Arten von Kundenkommunikation gelegt.

6.3.4.1 Call Center

Durch die Eingliederung der Austrian Airlines Group in den Lufthansa-Konzern ist man innerhalb des Unternehmens bemüht, Synergien gemeinsam mit dem Mutterkonzern zu nutzen. Eines dieser Punkte war die Auslagerung der Call Center, welche davor sowohl im Salesbereich, als auch im Bereich von Miles & More intern betrieben wurden. Der Hauptsitz in Wien beherbergt kein Call Center mehr, denn das Sales Call Center wurde nach Innsbruck ausgelagert, das Miles & More Call Center wird von Berlin aus geführt.

Das Miles & More Call Center wird zurzeit an einen gewerbsmäßigen Anbieter ausgelagert, welcher dann den Verbundvertrieb von Lufthansa, Swiss und der Austrian Airlines Group gemeinsam repräsentiert. Dieser wird von Spezialisten betrieben, die durch das professionelle Betreiben des Centers dieses billiger anbieten können und damit auch innerhalb des Konzerns Synergien genutzt werden.

Wichtig ist, bei der Auslagerung darauf zu achten, dass dem Kunden dadurch keine Servicereduktion zugemutet wird. Nach wie vor ist das Call Center telefonisch erreichbar, der Kunde merkt unmittelbar nichts, und das Unternehmen profitiert von der daraus entstandenen Synergie.

6.3.4.2 Kommunikationsplattformen

Im Kommunikationsbereich sind Webpages ein gutes und wichtiges Werkzeug. Diese sind bei Austrian Airlines bedienungsfreundlich gestaltet und enthalten viele Features, wie etwa die Anmeldemöglichkeit für das Bonusprogramm der Fluglinie, die der Kunde mit maximal drei Mausklicks erreichen kann. Mit der erst kürzlich neu gestalteten Homepage der Austrian Airlines Group ist somit eine benutzerfreundliche Plattform geschaffen worden.

Darüber hinaus kam die Idee auf, sich die Kommunikationsplattformen, Web 2.0, nutzbar zu machen, um Kundenbindung aufzubauen. Diese Foren, wie beispielsweise Twitter und Facebook, ticken anders als Webpages und dienen als moderne und vor allem schnelle Austauschmedien, die weltweit genutzt werden. Die Austrian Airlines Group launcht eine Facebook–Fanseite, auf der über verschiedene Themen kommuniziert werden kann. Geplant ist die Einrichtung von Dialogen mit Mitarbeitern, Bildung von Interessensgruppen und Chats. Es soll hierbei ein interaktiver Kundendialog entstehen, in dem mehrere Abteilungen mit dem Kunden kommunizieren und damit die Ausrichtung der Fluglinie auf moderne Kommunikationsmedien unterstreichen.

Generell ist die Kundenbeteiligung, das Customer Involvement, sehr wichtig. Um Kunden nachhaltig an das Unternehmen zu binden ist es essentiell, diese in viele Bereiche und Schritte, die das Unternehmen setzt, mit einzubeziehen. Die Nutzung neuer Medien bietet eine schnelle Möglichkeit der Kommunikation, beispielsweise um Testtage für ein neues Produkt anzukündigen. Der Kunde hat dadurch die Möglichkeit, sich mehr für das Produkt und das Unternehmen dahinter zu interessieren und es kennenzulernen, was eine Bindung an das Unternehmen unterstützt.

6.3.5 Aspekt der Nachhaltigkeit

Die Ausrichtung der gesetzten Schritte im Unternehmen auf Nachhaltigkeit ist zu jeder Zeit wünschenswert, jedoch ist das Arbeiten dahingehend gerade in wirtschaftlich schwierigen Zeiten nicht selbstverständlich. So gilt auch innerhalb der kritischen Bereiche bei Austrian Airlines, wo große Einsparungen nötig sind, zuerst das Überleben des Unternehmens zu sichern und dann auf die Nachhaltigkeit Bedacht zu nehmen. Dadurch ergaben sich auch bei der Expertenbefragung unterschiedliche Ergebnisse.

Das Kundenbindungsprogramm Miles & More ist ganz stark durch Nachhaltigkeit geprägt. Es wird von Beginn an darauf geachtet, dass die Marken und Gruppen, die mit dem Vielfliegerprogramm in Verbindung stehen, zu diesem passen und auf die Zielgruppe abgestimmt sind. In diesem Themenbereich wird nicht nur ein einmaliges Ereignis hervorgehoben, um kurzfristige Einnahmen zu generieren, sondern ist man auch rundherum um Nachhaltigkeit bemüht.

Die Philosophie hinter dem Kundenbindungsprogramm sollte dahin gehen, die Lebenslinie des Kunden mit einzubeziehen. So besteht bereits ab dem zweiten Lebensjahr die Möglichkeit, diesem beizutreten. Diese wird mit Vollendung des 18. Lebensjahres automatisch in eine Basismitgliedschaft umgewandelt, welche dann zum Ziel hat, den Rang eines Statuskunden zu erreichen.

Auch beim Loungenprodukt ist die Ausrichtung auf Nachhaltigkeit sehr wichtig, denn hier ist das vorrangige Ziel die Bindung der Statuskunden an das Unternehmen. Daher wird bei Änderungen durch Einsparung eine Umschichtung zwischen den verschiedenen Loungen vorgenommen, damit der Kunde keine Einschränkung erfahren muss.

Der Business- und Leisure Salesbereich ist ebenfalls uneingeschränkt auf Nachhaltigkeit ausgerichtet. „Nachhaltigkeit ist hier die Basis aller Entscheidungen" (Ecke, 2010, o. S.). Durch das bereits im Verbund gemeinsam genutzte CRM-System können verschiedene Analysen aufdecken, wie sich der Status der Kunden entwickelt. Besteht die Möglichkeit, dass ein Kunde seinen Status verliert, so werden ihm spezielle Raten angeboten oder andere Aktionen evaluiert, um den Kunden auch nachhaltig zu binden, jedoch mit dem Fokus auf seine Rentabilität. Der Betreuungsaufwand muss immer gegengerechnet werden, jedoch kann der Indoorbereich diverse Accounts auffangen. Um die Nachhaltigkeit in diesem Bereich noch zu verstärken, werden sowohl das Buchungs-, als auch das Kundenverhalten beobachtet, indem die Daten der Buchungen auf Fluglinien außerhalb der Star Alliance Gruppe angekauft und ausgewertet werden, um Fremdkunden zu rekrutieren.

Der Aspekt der Nachhaltigkeit wird auch in den Kundenbefragungen berücksichtigt, indem täglich das gesamte Jahr über mehrere hundert Passagiere befragt werden, damit es zu keinen Verzerrungen und einer möglichst breiten Streuung kommt, da man nur die Stichprobe und nicht alle Merkmale der Kunden kennt. Die Auswertungen erfolgen dann quartalsweise.

In anderen Bereichen nimmt die Nachhaltigkeit zwar einen wichtigen Stellenwert ein, jedoch wird nicht mehr in sie investiert. Jede gesetzte Maßnahme wird wieder auf ihre Effizienz überprüft, denn die Umsatzseite muss auf jeden Fall nachhaltig sein. Oftmals muss auch die Sinnhaftigkeit der gesetzten Maßnahmen unter dem Aspekt der Nachhaltigkeit hinterfragt werden, teilweise müssen in Krisenzeiten auch kurzfristige Aktionen durchgeführt werden.

So wird etwa im Beschwerdemanagement sehr wohl auf die Nachhaltigkeit geachtet und Feedbacks im Sinne des Kunden erledigt. Wenn der Rahmen jedoch ausgeschöpft ist, was im Billigticketbereich schnell der Fall ist, wird auch riskiert, dass der Kunde abwandert. Ausnahmen bilden auch hier wieder die Statuskunden, die als wichtigste Kundengruppe bevorzugt behandelt wird. Die große Frage in Bezug auf die Messung der Nachhaltigkeit stellt sich in dieser Abteilung auch dadurch, dass sie keine Rückmeldung über die Auswirkungen der Beschwerdebehandlung bekommen. Nicht zuletzt wegen des Fehlens eines geeigneten CRM-Instruments ist ein Nachvollziehen auch hinsichtlich des Wiederkaufsverhaltens nicht möglich.

Im Qualitätsmanagement wird immer wieder die Sollbruchstelle überprüft, wie weit an der Qualität gespart werden kann und der Kunde trotzdem noch dem Unternehmen nachhaltig erhalten bleibt. Eine Kostenreduktion, wie sie in wirtschaftlich schwierigen Zeiten immer wieder vorgenommen werden muss, bedeutet auch, dass die Qualitätsparameter verringert werden. Dabei muss sich die Frage der Nachhaltigkeit gestellt werden und, daraus resultierend, wie viel Qualitätsreduktion das Unternehmen noch erträgt, um trotzdem der Marke treu zu bleiben. In diesen Zeiten ist eine Definition von Qualität eine andere und kaum mehr möglich. Daher wird in der Qualitätsmanagementabteilung zurzeit nicht auf die Nachhaltigkeit in den Aktionen geachtet und momentan eine Verbesserung auch nicht angedacht. Sobald das Unternehmen jedoch in der Wirtschaftslage wieder stabil ist, ist eine sofortige Qualitätssteigerung auf Nachhaltigkeit eingeplant.

Zusammenfassend kann in Abbildung 8 der Aspekt der Nachhaltigkeit innerhalb der befragten Abteilungen aufgezeigt werden.

Quelle: eigene Darstellung

Abbildung 8: Nachhaltigkeit innerhalb der Austrian Airlines Group

6.3.6 Kundenzufriedenheit in wirtschaftlich schwierigen Zeiten

Für das Unternehmen ist es von Bedeutung herauszufiltern, wie die gesetzten Aktionen zur Kostenreduktion vom Endverbraucher aufgenommen werden. Wichtig ist dabei zu beobachten, ob sich diese Maßnahmen auf die Kundenzufriedenheit und, davon abgeleitet, auf die Bindung des Kunden an das Unternehmen auswirken.

Im Jahr 2009 wurden von Seiten der Austrian Airlines Group grobe Einschnitte auf Grund der wirtschaftlich schwierigen Zeiten durchgeführt. Um die oben erwähnte Sollbruchstelle der Abwanderung des Kunden, begründet durch ein Zuviel an Qualitätsreduktion, ausfindig zu machen, wurden Online-Kundenbefragungen zu wesentlichen Indikatoren durchgeführt, die quartalsweise ausgewertet wurden.

Als Indikatoren wurden die vier wichtigsten Leistungskennzahlen herangezogen, zu denen die generelle Zufriedenheit, die Weiterempfehlung, die Wiederkaufsabsicht und das Preis-Leistungs-Verhältnis gezählt werden und in den Phasen vor, während und nach dem Flug betrachtet. Bei der Zufriedenheit wurde auf ein angenehmes Reiseerlebnis abgestellt, während bei der Weiterempfehlung der Schwerpunkt auf den Ruf der Marke Austrian Airlines in Gesprächen mit dem Umfeld gelegt wurde. Die Wiederkaufsabsicht behandelte die Wahl der Fluglinie bei gleichen anderweitigen Möglichkeiten, hingegen zielte das Preis-Leistungs-Verhältnis auf die erhaltene angemessene Gegenleistung ab. Die Befragung wurde in zwei Sparten aufgeteilt, wovon eine die Leistungen vor und nach dem Flug beinhaltet, die andere den Service während des Aufenthaltes an Bord abdeckt.

6.3.6.1 Service vor und nach dem Flug

Bei den Leistungen vor und nach dem Flug wurden zum Zwecke der Kostenreduktion nur geringe Anpassungen durchgesetzt. Dies wird auch aus den Umfrageergebnissen ersichtlich, welche zwar bei allen vier Leistungskennzahlen eine Abnahme der Zustimmungswerte über die Quartale beinhalten, jedoch in geringem Ausmaß.

Der größte Zustimmungseinbruch wurde bei der generellen Zufriedenheit beobachtet, was auf die systematischen Leistungsreduktionen zurückzuführen ist. Dies wird durch in Abbildung 9 dargestellt.

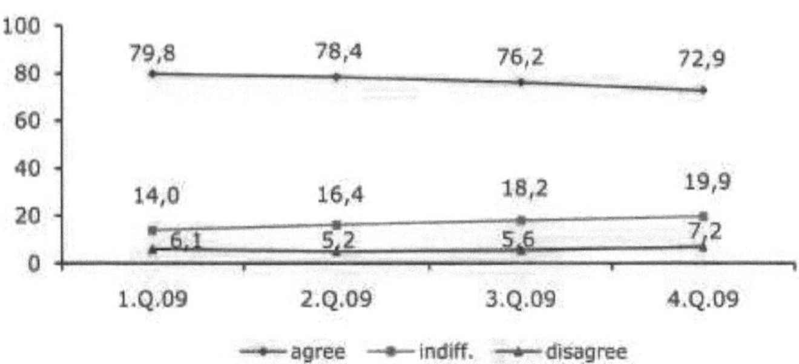

Quelle: Feldkircher, 2010, o. S.

Abbildung 9: Kundenzufriedenheit vor und nach dem Flug

6.3.6.2 Service während des Fluges

Die größten Einschnitte waren für den Kunden bei den Leistungen an Bord zu bemerken. Einsparungen beim Catering in Höhe von 18 Millionen Euro mussten alternativlos durchgesetzt werden, ebenso wie Einschränkungen bei der Bordunterhaltung und des Zeitungsangebotes. Der Personalstand des Bordpersonals wurde auf ein Minimum reduziert, was ebenfalls Auswirkungen auf das Service hatte.

Diese Anpassungen waren überlebenswichtig und haben das Unternehmen wieder konkurrenzfähig auf dem Markt positioniert. Jedoch ging dadurch die generelle Zufriedenheit zurück, was sich des Weiteren auf die Quote der Wiederkaufsabsicht auswirkte.

In Abbildung 10 werden beide Leistungskennzahlen abgebildet.

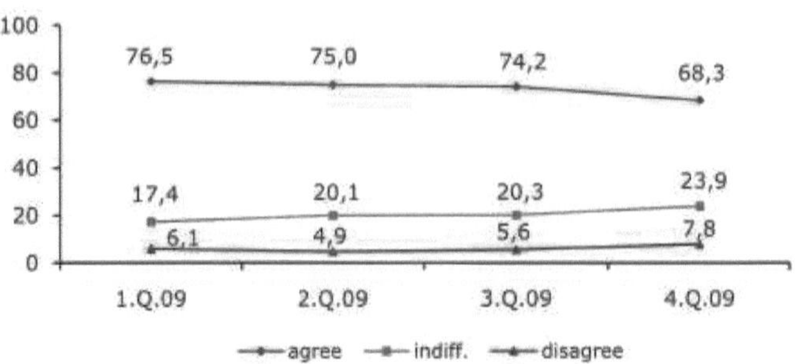

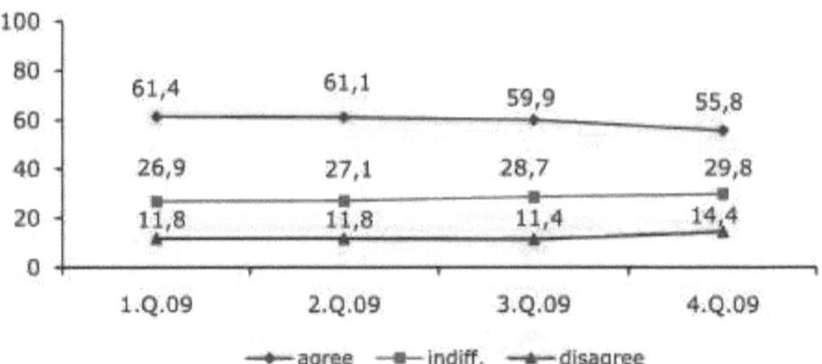

Quelle: Feldkircher, 2010, o. S.

Abbildung 10: Kundenzufriedenheit während des Fluges

Die Kunden möchten auch in wirtschaftlich schwierigen Zeiten die gleichen gewohnten Serviceleistungen. Jegliche Anpassung in Form einer Reduktion wirkt sich negativ auf den Zufriedenheitsfaktor und die Bindung zum Luftfahrtunternehmen aus, was der Nachhaltigkeit schadet. Um die negativen Auswirkungen nicht auf die Statuskunden auszuweiten, wird speziell darauf geachtet, bei diesen keine Serviceeinschränkungen vor und nach dem Flug spürbar durchzuführen, da sie ohnehin auch mit den Anpassungen an Bord konfrontiert werden.

Kundenbindung dort durchzuführen, wo sie auch in Krisenzeiten innerhalb der Austrian Airlines Group möglich ist, eben wie beschrieben in Form des Vielfliegerprogramms Miles & More, ist auch für die Kundenzufriedenheit zielführend.

6.4 Handlungsempfehlungen

Die empirische Studie der Austrian Airlines Group bestätigt, dass die Themen CRM und Kundenbindung innerhalb des Unternehmens als essentiell gelten, um den nachhaltigen Erfolg der Fluglinie zu gewährleisten. Die vorherrschenden wirtschaftlich schwierigen Zeiten erschweren jedoch die durchgängige Ausrichtung auf Qualität und Nachhaltigkeit, da eine Reduktion des Kostenfaktors von allen Abteilungen getragen werden muss, was dazu führt, dass eine Umsetzung vieler geplanter Projekte nicht mehr möglich wird.

Durch die beschriebenen Ausführungen ergeben sich für die Verfasserin der vorliegenden Masterthesis Handlungsempfehlungen, welche die Möglichkeit bieten, CRM innerhalb der Austrian Airlines Group erfolgreich einzuführen und den Abteilungen einen Zugriff auf die gleichen Daten des Kunden zu bieten, was dessen Bindung an das Unternehmen festigt.

Innerhalb der Austrian Airlines Group migrieren die Abteilungen auf das CRM-System des Vielfliegerprogramms Miles & More der Star Alliance Gruppe. Dieses Programm zeigt die Profile der Mitglieder auf, ist jedoch nicht speziell auf Austrian Airlines Kunden abgestimmt. Empfohlen wäre hier ebenfalls ein eigenes Austrian-internes CRM-Programm, um den gesamten Kundenstock der Fluglinie selber monitoren und für eigene Zwecke, wie Marketingaktionen, nützen zu können.

Eine weitere Empfehlung ist, den Verbundvertrieb effizient und effektiv auszunutzen und an den bereits im Lufthansa-Konzern integrierten CRM-Instrumenten zu partizipieren. Da dies in einigen Abteilungen, wie etwa im Salesbereich, bereits der Fall ist und erfolgreich umgesetzt wird, sollte die Ausdehnung vorangetrieben werden, da gerade bei den analytischen Möglichkeiten durch das CRM der daraus gewonnene Zusatzertrag nicht außer Acht gelassen werden darf.

Die Beschwerdemanagementabteilung, welche dezentral aufgestellt ist, arbeitet ohne eigenes CRM-Instrument. Da sich aus einem Customer Relationship Management ein Customer Feedback Management entwickelt und umgekehrt, liegt die Handlungsempfehlung darin, in diesem heiklen Bereich ein entsprechendes Tool einzuführen, damit eine durchgängige Kundenansprache ermöglicht und trotz dezentraler Beschwerdebehandlung gewährleistet wird. Darüber hinaus gilt es, die Außenstationen mit den gleichen Daten und Profilen der Kunden zu versorgen, was dadurch ebenfalls möglich wird. Auch hier bietet das bereits eingeführte CFM-Instrument der Lufthansa einen guten Ansatz.

Die bereits eingeführten Kommunikationsplattformen bieten die Möglichkeit des modernen und schnellen Informationsaustausches über neue Medien. Diese auch weiterhin anzubieten und professionell zu betreiben wird als wichtiger und zukunftsträchtiger Schritt angesehen und auf alle Fälle empfohlen, auch wenn die Pflege eines gewissen Aufwandes bedarf.

Für die Verfasserin dienen diese Handlungsempfehlungen dem Hintergrund, das Unternehmen der Austrian Airlines Group zu unterstützen, damit es in eine erfolgreiche Zukunft geführt und die Kundenbindung als wichtiger Beitrag zur Absicherung des Unternehmenserfolges gefördert werden kann.

7 CONCLUSIO

Jedes Unternehmen ist von seinen Kunden abhängig. Ein zufriedener Kunde zeigt eine hohe Wiederkaufsabsicht und sichert somit den Erfolg eines Unternehmens nachhaltig ab. Um dies zu erreichen gilt als oberste Priorität, den Kunden an das Unternehmen zu binden und das Kundenbeziehungsmanagement voranzutreiben, nicht zuletzt um Loyalität aufzubauen und die Wechselbereitschaft so gering wie möglich zu halten. Dieses Vorhaben lässt sich auf jegliche Branche umlegen.

Die vorherrschenden wirtschaftlich schwierigen Zeiten erschweren jedoch dieses gesteckte Ziel. Überall gilt es, den Kostenfaktor durch Einsparung und Optimierung der Systeme und Prozesse zu reduzieren. Dies geschieht nicht zuletzt nachteilig für die dem Kunden gebotenen Qualität, so dass dieser Einschnitte bemerkt, was wiederum seine Wechselbereitschaft erhöht und somit das Gegenteil von dem darstellt, was das Unternehmen eigentlich anstrebt.

Die Luftfahrtgesellschaften spüren die Auswirkungen der derzeitigen wirtschaftlichen Lage besonders stark. Nicht nur, dass sich die Lieferbedingungen negativ verändert haben, so ist auch das Kundenverhalten einem nachteiligen Wandel unterlegen. Den loyalen Kunden, der um jeden Preis das Ticket bei einer Fluglinie kauft, gibt es nicht mehr. Vielmehr ist der Kunde preisgetrieben und darauf bedacht, seinen Nutzen zu optimieren. Genau hier gilt es einzuhaken und dem Kunden etwas zu bieten, damit es für ihn wertvoll wird, dasselbe Unternehmen wiederholt zu wählen. Hierbei hilft ein gut integriertes CRM mit allen Facetten, wozu auch die Kundenbindung und das CFM zählen.

In der Theorie sind viele Möglichkeiten vorhanden, wie CRM im Unternehmen eingesetzt werden kann, wozu es dient und welche Zielsetzungen es aufweist. Durch die Komponenten des operativen, analytischen und kommunikativen CRM, die in unterschiedlich starker Ausprägung vorhanden sein können, werden viele Varianten geboten, die, angepasst an die Branche, ein- und umgesetzt werden können. Verbunden mit den Anforderungen an die Qualität liegt hier ein großes Potential für das jeweilige Unternehmen, den Kunden zu halten und somit den nachhaltigen Erfolg abzusichern.

In der Luftfahrtindustrie sind vor allem die CRM-Instrumente im operativen Bereich vorrangig ausgeprägt. Hierbei stehen die Vielfliegerprogramme der verschiedenen Fluglinien als oberste Kundenbindung zur Verfügung, welche je nach Status des

Kunden unterschiedliche Leistungen bieten. Auch im Bereich des Beschwerdemanagements wird durch persönliche Beantwortung jedes Feedbacks, wie es beispielsweise innerhalb der Austrian Airlines Group praktiziert wird, dem Kunden gezeigt, wie wertvoll er für das Unternehmen ist. Die Abteilung dient als letztes Bindeglied, bevor der Kunde verloren geht und kann durch professionelles Agieren einen wichtigen Beitrag zur Kundenbindung und, damit verbunden, zum Unternehmenserfolg leisten. Der analytische Bereich mit Data Warehouse und Data Mining unterstützt das Unternehmen dabei, das Profil des Kunden aufzunehmen und, an seine Präferenzen angepasst, umzusetzen. Die kommunikativen CRM-Methoden vervollständigen das komplette Bild sowohl vom Kunden dem Unternehmen gegenüber und umgekehrt. Die Erreichbarkeit des Unternehmens über ein Call Center trägt dazu bei, dass der oftmals durch Online-Buchung verlorengegangene Kontakt zwischen den Transaktionspartnern wieder hergestellt wird, was einen wichtigen Beitrag zu einer verbesserten Interaktion leistet.

Das empirische Fallbespiel des österreichischen Luftfahrtunternehmens Austrian Airlines Group zeigt auf, wie das Thema CRM in den Alltag eingegliedert und umgesetzt wird. Dabei treffen die wirtschaftlich schwierigen Zeiten die Fluggesellschaft hart und ein eiserner Sparkurs erschwert die Durchführung der anfallenden Themen. Die durch alle Abteilungen getragene Mission „WE CARE" mit dem Versprechen „We fly for your smile" zeigt jedoch auf, wie wichtig der Kunde dem Unternehmen ist. Daraus lässt sich ableiten, dass die Kundenbindung die Primärhaltung für alle Mitarbeiter darstellt und trotz der vorherrschenden Wirtschaftslage als oberste Priorität gehandelt wird. Viele Projekte wurden auf Grund des Kostenfaktors eingestellt, jedoch das im Unternehmen als wichtigstes Kundenbindungsinstrument gehandelte Vielfliegerprogramm Miles & More wurde in keinster Weise reduziert. Auch im wichtigen B2B-Bereich ging die Tendenz durch den Verbundvertrieb in Richtung Ausbau der Programme.

Damit lässt sich die Forschungsfrage, die dieser Masterthesis zugrunde liegt, beantworten. Diese lautet, welche Möglichkeiten der Kundenbindung für ein Luftfahrtunternehmen in den wirtschaftlich schwierigen Zeiten vorhanden sind, um den Kunden unter Einbeziehung von CRM an das Unternehmen zu binden. Innerhalb der Austrian Airlines Group wird die Kundenbindung für den Privatbereich über das Vielfliegerprogramm Miles & More der Star Alliance Gruppe, für den B2B-Bereich mittels Corporate Net Rates, CIP, CLP und Star Alliance Company Plus durchgeführt. Diese stellen einen Teil eines umfassenden

CRM-Systems dar, welches die operativen Methoden besonders hervorkehrt, jedoch unterstützt von Datenbanken, Call Centern und neuen Medien, um den Kunden schnell und effizient betreuen zu können. Auch das Beschwerdemanagement leistet seinen Beitrag, um den Kunden auch bei Unstimmigkeiten wieder davon zu überzeugen, die Austrian Airlines Group zu buchen.

Bei den Kundenbindungsprogrammen geht der Trend trotz Wirtschaftslage in Richtung Ausbau derselben. Galt es früher, entweder ein loyalitäts- oder ein preisgetriebenes Programm anzubieten, jedoch nie gemeinsam, so geschieht jetzt ein Umdenken hin zur Vereinigung von Loyalität und Kompetitivität, um dem Kunden alle Facetten eines Angebotes unterbreiten zu können. Dies soll es dem Kunden erleichtern, seine Entscheidung bei der Wahl der für ihn geeigneten Fluglinie zu treffen, da sein Interesse an der Nutzenoptimierung vertreten ist.

7.1 Handlungsempfehlungen

Aus der intensiven Auseinandersetzung mit der Thematik des CRM innerhalb der Austrian Airlines Group ergeben sich für die Verfasserin der vorliegenden Masterthesis die bereits im Kapitel 6 aufgezeigten Handlungsempfehlungen. Diese werden hier nochmals kurz zusammengefasst:

Die Migration auf die CRM-Systeme der Star Alliance Gruppe bietet zwar die Möglichkeit, die Profile der Mitglieder des Miles & More Programms zu nutzen, jedoch fehlt der Blick auf die Austrian Airlines Kunden, die nicht dem Programm angehören. Daher wäre ein Austrian-internes CRM-Programm für das Monitoring des gesamten Kundenstocks und die Nutzung zu Marketingzwecken empfehlenswert.

Eine effektive und effiziente Nutzung des Verbundvertriebes und die Partizipation an den dort bereits integrierten CRM-Instrumenten gelten als weitere Empfehlung. Diese voranzutreiben und im analytischen Bereich auszubauen hat darüber hinaus den positiven Nebeneffekt, dass sich ein Zusatzertrag daraus gewinnen lässt. Das kann aus dem Salesbereich abgeleitet werden, der bereits im Verbundvertrieb erfolgreich agiert.

Durch die dezentrale Aufstellung der Beschwerdemanagementabteilung und dem Fehlen eines eigenen CRM-Instruments liegt die Handlungsempfehlung für diesen heiklen Bereich darin, ein geeignetes CRM-Instrument einzuführen, um eine durchgängige Kundenansprache zu ermöglichen und alle beteiligten Bereiche mit der gleichen Information versorgen zu können. Damit ist der Weg vom CRM hin zum CFM bereitet, welcher auch zukünftig einen Beitrag zur Kundenbindung leisten wird.

In den Kommunikationsplattformen, die von der Austrian Airlines Group in jüngster Zeit eingeführt wurden, liegt die Zukunft des schnellen und modernen Informationsaustausches. Die Nutzung der neuen Medien auch weiterhin professionell anzubieten und zu betreiben ist auf alle Fälle zu empfehlen und sollte trotz Aufwand gepflegt und ausgebaut werden.

7.2 Ausblick

Das Airlinebusiness wird weiterhin eine konkurrenzintensive Branche darstellen, in der sich vor allem Netzwerkfluglinien gegen Billiganbieter behaupten müssen und dabei jeder für sich versuchen muss, den Kunden zu überzeugen.

Die Austrian Airlines Group hat mit der im März 2010 neu entwickelten Marktstrategie die zukünftigen Weichen gestellt. Mit dem Zukunftskonzept „Austrian Next Generation“ wird eine Kostenoptimierung auf konkurrenzfähiges Niveau, bei gleichzeitiger Erlössteigerung, durch Erhöhung des Kundennutzens und, damit verbunden, eine Umsatzsteigerung angestrebt. Eine Kulturveränderung hin zur kontinuierlichen Verbesserung unterstützt dabei, ein Basisprodukt mit optimiertem Flugplan zu konkurrenzfähigen Preisen anbieten zu können. Damit wird das Marketingbestreben, die Preisführerschaft am Heimatmarkt zu halten, auch weiterhin verfolgt.

Die Neustrukturierung des Unternehmens und die Ausrichtung auf Schaffung und Nutzung von Synergien durch den Verbundvertrieb gemeinsam mit der Deutschen Lufthansa AG und Swiss International Air Lines AG bietet der Austrian Airlines Group die Möglichkeit, wettbewerbsfähig zu bleiben und am Markt zu bestehen. Der neue Marktauftritt bietet darüber hinaus die Chance, einer erfolgreichen Zukunft entgegenzusteuern, in der die Kundenbindung, unterstützt mit den Methoden des CRM, einen essentiellen Stellenwert einnimmt, nicht zuletzt, um auch zukünftig den Erhalt und Ausbau von Kundenbeziehungen zur nachhaltigen Absicherung des Unternehmenserfolges zu gewährleisten.

8 LITERATURVERZEICHNIS

Arnett, S. (2009). When the Customer Knocks...Maximize opportunity at the point of interaction with operational business intelligence. *Information Management, 19 (2),* 29-31.

Austrian Airlines (2010). *Austrian Intranet – Unternehmen.* Zugriff am 28. Februar 2010 unter https://www.one-intra.net/Unternehmen/default.aspx

Athanasopoulou, P. (2009). Relationship quality: a critical literature review and research agenda. *European Journal of Marketing, 43 (5/6),* 583-629.

Auer, C. (2004). *Performance Measurement für das Customer Relationship Management. Controlling des IKT-basierten Kundenbeziehungsmanagement.* Wiesbaden: DUV

Backhaus, K., Büschken, J. & Voeth, M. (2003). *Internationales Marketing.* Stuttgart: Schäffer-Poeschel.

Baumgartner, P., Mag. (2010). Persönliches Gespräch – Expertenbefragung, Customer Relationship Management in wirtschaftlich schwierigen Zeiten am Beispiel eines österreichischen Luftfahrtunternehmens (siehe Fragenkatalog – Expertenbefragung Anhang). Vice President Customer Service & Product Management, Leitung Marketing, Produkt, Kabine. Head Office der Austrian Airlines Group am Flughafen Wien-Schwechat, 23. Februar 2010.

Becker, H. (2005). *Auf Crashkurs. Automobilindustrie im globalen Verdrängungswettbewerb.* Heidelberg: Springer.

Bernecker, M. & Hüttl, F. (2008). Kundenclubs. In Helmke, S., Uebel, M. & Dangelmaier, W. (Hrsg.). *Effektives Customer Relationship Management. Instrumente-Einführungskonzepte-Organisation.* (147-170). Wiesbaden: Gabler.

Bieger, T. (2006). *Tourismuslehre – Ein Grundriss.* Stuttgart: UTB.

Bierwirth, A., Dr. (2010). Persönliches Gespräch – Expertenbefragung, Customer Relationship Management in wirtschaftlich schwierigen Zeiten am Beispiel eines österreichischen Luftfahrtunternehmens (siehe Fragenkatalog – Expertenbefragung Anhang). Member of the Executive Board, Vorstand der Austrian Airlines Group. Head Office der Austrian Airlines Group am Flughafen Wien-Schwechat, 1. März 2010.

Bildstein, L. (2010). Retain Clients and Help Them Recover. *Journal of Accountancy, 209 (2),* 20-25.

Binggeli, U., Gupta, S. & Pommes, C. D. (2002). CRM in the air. *The McKinsey Quartely, 2002 (3),* 6.

Bisignani, G. (2009). *Luftfahrt in historischer Krise.* In Financial Times Deutschland, 9.Juni.2009, o.S.

Boenke, S. (2007). *CRM - Eine Optimierung des Marketing-, Vertriebs- und Serviceprozesses der GKN Walterscheid GmbH.* Master Thesis. Krems: Donauuniversität Krems.

Bruhn, M. (2002). Messung der Anforderungen an die Dienstleistungsqualität. In Hansen, W. & Kamiske, G. F. (Hrsg.). *Qualitätsmanagement im Diesntleistungsbereich. Assessment – Sicherung – Entwicklung.* (7-44). Düsseldorf: Symposion.

Bruhn, M. (2007). *Kundenorientierung. Bausteine für ein exzellentes Customer Relationship Management.* München: DTV.

Bruhn, M., Fuchs, A. & Grossheutschi, P. (2002). Qualität als gelebte Unternehmenskultur der Crossair AG. In Bruhn, M. & Meffert, H. (Hrsg.). *Exzellenz in Dienstleistungsmarketing. Fallstudien zur Kundenorientierung.* (77-124). Wiesbaden: Gabler.

Bruhn, M., Lucco, A. & Wyss, S. (2008). Beendigung von Kundenbeziehungen aus Anbietersicht. Wirkung der wahrgenommenen Gerechtigkeit auf die Zufriedenheit und Verbundenheit ehemaliger Kunden in unterschiedlichen Beziehungsszenarien. *Marketing – Zeitschrift für Forschung und Praxis, 2008 (4),* 221-237.

Bruning, E. R., Hu, M. Y. & Hao, W. A. (2009). Cross-national segmentation; An application to the NAFTA airline passenger market. *European Journal of Marketing, 43 (11/12),* 1498.

Busch, R., Fuchs, W. & Unger, F. (2008). *Integriertes Marketing. Strategie – Organsiation – Instrumente.* Wiesbaden: Gabler.

Butscher, S. A. & Müller, L. R. (2009). Kundenbindung durch Kundenclubs. In Hinterhuber, H. H. & Matzler, K. (Hrsg.). *Kundenorientierte Unternehmensführung. Kundenorientierung – Kundenzufriedenheit – Kundenbindung.* (397-412). Wiesbaden: Gabler.

CDM – Customer Data Management (2010). *Handbuch Customer Data Management* [interne Unterlage]. Flughafen Frankfurt/Main, erstellt von Deutsche Lufthansa AG.

Chakrapani, C. (2006). Complaint Management: The Heart of CRM. *Marketing Research, 18 (1),* 43.

Chang, S. I. & Yadama, S. (2010). Statistical process control for monitoring non-linear profiles using wavelet filtering and B-Spline approximation. *International Journal of Production Research, 48 (4),* 1049-1068.

Cramer, J. (2009). Wachstumsorientierte Vertriebsstrategie – aber wie? *Versicherungswirtschaft, 64 (18),* 1449.

Dangelmaier, W., Helmke, S. & Uebel, M. F. (2004). Grundrahmen des Customer Relationship Management-Ansatzes. In Dangelmaier, W., Helmke, S. & Uebel, M. (Hrsg.). *Praxis des Customer Relationship Management.* (2-16). Wiesbaden: Gabler.

Deutsche Lufthansa AG (2010). *Lufthansa Intranet – E-Base. Definition CRM-Tools & BARACUDA.* Zugriff am 16. Februar 2010 unter https://lww.ebase.dlh.de

Diller, H. (1996). Kundenbindung als Marketingziel. *Marketing – Zeitschrift für Forschung und Praxis, 2 (2),* 81-93.

Durth, R., Körner, H. & Michaelowa, K. (2002). *Neue Entwicklungsökonomik.* Stuttgart: Lucius & Lucius.

Ebner, W. (2010). Persönliches Gespräch – Expertenbefragung, Customer Relationship Management in wirtschaftlich schwierigen Zeiten am Beispiel eines österreichischen Luftfahrtunternehmens (siehe Fragenkatalog – Expertenbefragung Anhang). Director Customer Relations, Beschwerdemanagementabteilung. Head Office der Austrian Airlines Group am Flughafen Wien-Schwechat, 23. Februar 2010.

Ecke, K. (2010). Persönliches Gespräch – Expertenbefragung, Customer Relationship Management in wirtschaftlich schwierigen Zeiten am Beispiel eines österreichischen Luftfahrtunternehmens (siehe Fragenkatalog – Expertenbefragung Anhang). Business Indoor, Business Sales. Head Office der Austrian Airlines Group am Flughafen Wien-Schwechat, 15. Februar 2010.

Eggert, A. (2002). Kundencenter als Instrument der Kundenbindung. In Helmke, S., Uebel, M. & Dangelmaier, W. (Hrsg.). *Effektives Customer Relationship Management. Instrumente-Einführungskonzepte-Organisation.* (133-153). Wiesbaden: Gabler.

Eggert, A. (2006). Die zwei Perspektiven des Kundenwerts: Darstellung und Versuch einer Integration. In Günter, B. & Helm, S. (Hrsg.). *Kundenwert. Grundlagen – Innovative Konzepte – Praktische Umsetzungen.* (41-60). Wiesbaden: Gabler.

Eggert, A., Helm, S. & Garnefeld, I. (2007). Kundenbindung durch Weiterempfehlung? Eine experimentelle Untersuchung der Wirkung positiver Kundenempfehlungen auf die Bindung des Empfehlenden. *Marketing – Zeitschrift für Forschung und Praxis, 29 (4),* 235-247.

Elfroth, A., Neckermann, S. & Zupancic, D. (2006). *Kundenzufriedenheit – Ein Konzept zur Messung und Verbesserung im Business-to-Business-Geschäft.* Düsseldorf: Symposion.

Emrich, C. (2008). *Multi-Channel-Communications- und Marketing-Management.* Wiesbaden: Gabler.

Engels, P. & Smolarz, A. (1999). Professionelles Kampagnenmanagement. Geben Sie Ihrem Kunden ein Gesicht. *Direkt Marketing, 35 (9),* 26-28.

Ergenzinger, R. & Thommen, J.-P. (2005). *Marketing. Vom klassischen Marketing zu Customer Relationship Management und E-Business.* Zürich: Versus.

Eunjin, K. & Byungtae, L. (2009). Stategic Use of Analytical CRM in a Market with Network Effects and Switching Costs: Terminating Unprofitable Costumer Relationships. *Journal of Organizational Computing and Electronic Commerce, 19 (3),* 153-172.

Feldkircher, W. (2010). Customer Research Scheduled Flights. 4 Key Performance Indicators 2009 [interne Unterlage]. Flughafen Schwechat, Präsentation der Umfrageergebnisse betreffend der Key Performance Indicators 2009.

Feldkircher, W. (2010a). Persönliches Gespräch – Expertenbefragung, Customer Relationship Management in wirtschaftlich schwierigen Zeiten am Beispiel eines österreichischen Luftfahrtunternehmens (siehe Fragenkatalog – Expertenbefragung Anhang). Product Strategy / Customer Research, Abwicklung und Auswertung von Passagierbefragungen. Head Office der Austrian Airlines Group am Flughafen Wien-Schwechat, 22. Februar 2010.

Feldmann, S., Mag. (2010). Persönliches Gespräch – Expertenbefragung, Customer Relationship Management in wirtschaftlich schwierigen Zeiten am Beispiel eines österreichischen Luftfahrtunternehmens (siehe Fragenkatalog – Expertenbefragung Anhang). Product Management, Lounge Product, Loungenprodukt und –service in Wien und weltweit. Head Office der Austrian Airlines Group am Flughafen Wien-Schwechat, 26. Februar 2010.

Fiedler, M. (2009). *RFID in der Luftfahrt. Gestaltungsmöglichkeiten der Schnittstelle Passagier – Fluggeselschaft.* Hamburg: Diplomica.

Foust, D. (2009). Airline´s Income a la Carte. *Business Week, 4136 (1),* 19-20.

Frielitz, C., Martin, S., Wilde, K. D. & Hippner, H. (2000). CRM-2000. Aufklärung tut Not. *Absatzwirtschaft, 43 (7),* 100-104.

Galus, M. D. & Schwabe, M. (2008). Marketing und Vertrieb. Wechselbarrieren bei Privatkunden. *Energiewirtschaftliche Tagesfragen, 58 (1/2),* 28-31.

Garcia, A. G. & Rennhak, C. (2006). Kundenbindung – Grundlagen und Begrifflichkeiten. In Rennhak, C. (Hrsg.). *Herausforderung Kundenbindung.* (3-38). Wiesbaden: Gabler.

Gerardi, K., Lehnert, A., Sherlund, S. M. & Willen, P. (2009). Making Sense of the Subprime Crises. In Elmendorf, D. W., Mankiw, N. G. & Summers, L. H. (Hrsg.). *Brookings Papers on Economic Activity. Fall 2008.* (69-160). Washington: Brookings.

Girkinger, G. (2005). *Strategic Alliances and its Member Airlines' CRM and Frequent Flyer Strategy. An Analysis of the possibility to introduce a single Frequent Flyer Program for an Airline Alliance illustrated on the example of Star Alliance.* Diplomarbeit. Krems: IMC Fachhochschule Krems.

Göbl, M. (2003). *Die Beurteilungen von Dienstleistungen. Grundlage für ein erfolgreiches Marketing am Beispiel freier Berufe.* Wiesbaden: DUV.

Gustafsson, A. (2009). Customer satisfaction with service recovery. *Journal of Business Research, 62 (11),* 1220.

Grabner-Kräuter, S. & Schwarz-Musch, A. (2009). CRM – Grundlagen und Erfolgsfaktoren. In Hinterhuber, H. H. & Matzler, K. (Hrsg.). *Kundenorientierte Unternehmensführung. Kundenorientierung – Kundenzufriedenheit – Kundenbindung.* (177-196). Wiesbaden: Gabler.

Gruber, T., Szmigin, I. & Voss, R. (2009). Developing a deeper understanding of the attributes of effective customer contact employees in personal complaint-handling encounters. *Journal of Services Marketing, 23 (6),* 422-435.

Haller, S. (2005). *Dienstleistungsmanagement. Grundlagen – Konzepte – Instrumente.* Wiesbaden: Gabler.

Handlos, M. (2006). Kundenkontakte in der Airline-Industrie. Ein Markt für Kundenservice-Dienstleister? *Call Center Profi, 2006 (3),* 38-41.

Hannemann, N. (2006). *Optimierung der Integration des externen Faktors bei der Dienstleistungsproduktion. Theoretische Grundlagen und Praxisbeispiel.* Norderstedt: GRIN.

Harvey, G. & Turnbull, P. (2010). On the Go: walking the high road at a low cost airline. *International Journal of Human Resource Management, 21 (2),* 230-241.

Helm, S. & Günter, B. (2006). Kundenwert – eine Einführung in die theoretischen und praktischen Herausforderungen der Bewertung von Kundenbeziehungen. In Günter, B & Helm, S. (Hrsg.). *Kundenwert. Grundlagen – Innovative Konzepte – Praktische Umsetzungen.* (3-40). Wiesbaden: Gabler.

Helmke, S., Uebel, M. F. & Dangelmaier, W. (2008). Grundsätze des CRM-Ansatzes. In Helmke, S., Uebel, M. F. & Dangelmaier, W. (Hrsg.). *Effektives Customer Relationship Management. Instrumente – Einführungskonzepte – Organisation.* (3-24). Wiesbaden: Gabler.

Hippner, H. & Wilde, K. D. (2002). Customer Relationship Management – Ein Überblick. In Helmke, S., Uebel, M. & Dangelmaier, W. (Hrsg.). *Effektives Customer Relationship Management. Instrumente-Einführungskonzepte-Organisation.* (4-37). Wiesbaden: Gabler.

Hoffmann, A. (2008). *Die Akzeptanz kartenbasierter Kundenbindungsprogramme aus Konsumentensicht. Determinanten und Erfolgswirkungen.* Wiesbaden: Gabler.

Holland, H. (2004). *CRM erfolgreich einsetzen. Warum CRM-Projekte scheitern und wie sie erfolgreich werden.* Göttingen: Business Village.

Hölbl, C. (2010). Persönliches Gespräch – Expertenbefragung, Customer Relationship Management in wirtschaftlich schwierigen Zeiten am Beispiel eines österreichischen Luftfahrtunternehmens (siehe Fragenkatalog – Expertenbefragung Anhang). Senior Manager Quality & Process Management, Qualitätsmanagementabteilung. Head Office der Austrian Airlines Group am Flughafen Wien-Schwechat, 22. Februar 2010.

Hubschneider, M. (2007). Was ist CRM? Ist CRM ein neues Wundermittel? In Hubschneider, M. & Sibold K. (Hrsg.). *CRM-Erfolgsfaktor Kundenorientierung. Praxisnahe Fachbeiträge für den Mittelstand. Mit Anwendungsbeispielen und Checklisen.* (11-14). München: Haufe.

Ijioui, R., Emmerich, H., Ceyp, M. & Dierck, W. (2007). Supply Chain Event Management als strategisches Unternehmensführungskonzept. In Iljioui, R., Emmerich, H. & Ceyp, M. (Hrsg.). *Supply Chain Event Management. Konzepte, Prozesse, Erfolgsfaktoren und Praxisbeispiele.* Heidelberg: Physica.

Imkamp, H. (2009). Welcher Zusammenhang zwischen Preis und Qualität sollte der Wettbewerb auf Konsumgütermärkten herstellen? *Jahrbücher für Nationalökonomie und Statistik, 229 (4),* 410-425.

Jacquemin, M. (2006). *Netzwerkmanagement im Luftverkehr. Statische und dynamische Planungsmodelle zur Gestaltung von Hub&Spoke – Flugnetzwerken.* Wiesbaden: DUV.

Jack, L. (2009). Industry Attitudes: Investment the only guarantee of bright future. *Marketing Week, 12 (3),* 26-27.

Jaeck, H. F., Merzenich, M. & Wilde, K. D. (2007). Konsequente Kundenorientierung: Optimierung kundenbezogener Geschäftsprozesse. In Hubschneider, M. & Sibold K. (Hrsg.). *CRM-Erfolgsfaktor Kundenorientierung. Praxisnahe Fachbeiträge für den Mittelstand. Mit Anwendungsbeispielen und Checklisen.* (55-69). München: Haufe.

Jansen, F. (2004). *Best-Practices von Kommunikations- und Servicedienstleistungen: Customer Retention Programs.* Norderstedt: GRIN.

Jaritz, S. (2008). Kundenbindung und Involvement. Eine empirische Analyse unter besonderer Berücksichtigung von Low Involvement. In Krafft, M. (Hrsg.). *Kundenmanagement und Elektronic Commerce.* (1-268). Wiesbaden: Gabler.

Jendrosch, T. (2001). *Kundenzentrierte Unternehmensführung.* München: Vahlen.

Jenner, G. (2009). Marketing Data Warehousing. Vital Statistics. *Airline Business, 25 (3),* 42-44.

Kaiser, M.-O. (2005). *Erfolgsfaktor Kundenzufriedenheit. Dimensionen und Messmöglichkeiten.* Berlin: Erich Schmidt.

Kaiser, M.-O. (2006). *Kundenzufriedenheit kompakt. Leitfaden für dauerhafte Wetbewerbsvorteile.* Berlin: Erich Schmidt.

Klawa, M. A. (2004). Konzeption und Implementierung von CRM – Systemen. In Moormann, J. & Fischer, T. (Hrsg.). *Handbuch Informationstechnologie in Banken.* (253-270). Wiesbaden: Gabler.

Klein, J. (2008). Anforderungen an Sanierungskonzepte. Analyse bestehender Anforderungen und Leitfaden zur zukünftigen Ausgestaltung von Sanierungskonzepten. In Roland Berger Strategy Consultants (Hrsg.). *Schriften zum europäischen Management.* (1-232). Wiesbaden: Gabler.

Klenner, W. (2006). *Chinas Finanz- und Währungspolitik nach der Asienkrise. Bilanz und Perspektiven der Reformpolitik.* Stuttgart: Lucius & Lucius.

Kölmel, B. & Kühner, A. (2007). CRM-Ansätze und -Ebenen. Funktionen des erfolgreichen CRM. In Hubschneider, M. & Sibold K. (Hrsg.). *CRM-Erfolgsfaktor Kundenorientierung. Praxisnahe Fachbeiträge für den Mittelstand. Mit Anwendungsbeispielen und Checklisen.* (84-92). München: Haufe.

Krugman, P. (2009). *Die neue Weltwirtschaftskrise.* Frankfurt: Campus.

Krystek, U. (1987). *Unternehmenskrisen. Beschreibung, Vermeidung und Bewältigung überlebenskritischer Prozesse in Unternehmungen.* Wiesbaden: Gabler.

Ku, E. C. & Fan, Y. W. (2009). Knowledge sharing and customer relationship managment in the travel service alliance. *Total Quality Management & Business Excellence, 20 (12),* 1407.

Kuhl, M. & Stöber, O. (2006). Data Warehousing und Customer Relationship Management als Grundlagen des wertorientierten Kundenmanagements. In Günter, B. & Helm, S. (Hrsg.). *Kundenwert. Grundlagen – Innovative Konzepte – Praktische Umsetzungen.* (531-548). Wiesbaden: Gabler.

Kukat, F. (2005). *Beschwerdemanagement in der Praxis: Kundenkritik als Chance nutzen.* Düsseldorf: Symposion.

Kunze, K. (2000). *Kundenbindungsmanagement in verschiedenen Marktphasen.* Wiesbaden: Gabler.

Kutschker, M. & Schmid, S. (2008). *Internationales Management.* München: Oldenbourg.

Lackner, A. (2006). *CRM – Customer Relationship Management.* Norderstedt: GRIN.

Lang, J. & Becker, R. (2010). Erfolgreich durch systematisches Kundenbeziehungsmanagement. Gesicherte Verhältnisse. *QZ Qualltät und Zuverlässigkeit, 55 (1),* 24-27.

Lichung, J., Chou, C.- H. & Allenby, G. M. (2009). The importance of Modeling Temporal Dependence of Timing and Quantity in Direct Marketing. *Journal of Marketing Research, 46 (4),* 482-493.

Liebmann, H.-P. & Zentes, J. (2001). *Handelsmanagement.* München: Vahlen.

Lindell, Y. & Pinkas, B. (2009). Secure Multiparty Computation for Privacy-Preserving Data Mining. *Journal of Privacy and Confidentiality, 1 (1),* 59-98.

Lohse, U. (2001). *Business Excellence in Versicherungsunternehmen.* Karlsruhe: VVW

Luria, G., Gal, I. & Yagil, D. (2009). Employees' Willigness to Report Service Complaints. *Journal of Service Research, 12 (2),* 156-174.

Lux, D. (2001). *Konzepte zur Beschreibung der Kundenzufriedenheit und spezifische Konsequenzen für die Organisation und die Führung von Dienstleistungsunternehmen.* Norderstedt: GRIN.

Meffert, H. & Bruhn, M. (2006). *Dienstleistungsmarketing. Grundlagen – Konzepte – Methoden.* Wiesbaden: Gabler.

Meldau, S. (2007). *Qualitätsmessung in Dienstleistungscentern. Konzeptionierung und empirische Überprüfung am Beispiel eines Verkehrsflughafens.* Wiesbaden: Gabler.

Mercedes Benz AG. (1995). *Sie kennen mich.* Werbung aus Untertürkheim 1995, Zugriff am 5. Dezember 2009 unter http://www.ku-eichstaett.de/Fakultaeten/WWF/Lehrstuehle/DLM/bilder/HF_sections/content/BMVW.pdf

Meyer, A., Kantsperger, R. & Schaffer, M. (2006). Die Kundenbeziehung als ein zentraler Unternehmenswert – Kundenorientierung als Werttreiber der Kundenbeziehung. In Günter, B & Helm, S. (Hrsg.). *Kundenwert. Grundlagen – Innovative Konzepte – Praktische Umsetzungen.* (61-82). Wiesbaden: Gabler.

Meyer, M. (2002). *CRM-Systeme mit EAI. Konzeption, Implementierung und Evaluation.* Braunschweig/Wiesbaden: Vieweg.

Mierzwa, M. (2002). Mit Beschwerden richtig umgehen. Beschwerdemanagement als Kernelement des Kundenbindungsmanagements. *Direkt Marketing, 2002 (6),* 20-24.

Mimouni-Chaabane, A. & Volle, P. (2010). Perceived benefits of loyalty programs: Scale development and implications for relational strategies. *Journal of Business Research, 63 (1),* 32-38.

Moeller, S. (2008). Customer Integration – A Key to an Implementation Perspective of Service Provision. *Journal of Service Research, 11 (2),* 197-210.

Mühlner, S. (2005). *Chancen und Risiken eines Beschwerdemanagements im Handel.* Norderstedt: GRIN.

Musiol, G. & Kühling, C. (2009). *Kundenbindung durch Bonusprogramme. Erfolgreiche Konzeptionund Umsetzung.* Heidelberg: Springer.

Nemani, R. R. & Konda, R. (2009). A Framework for Data Quality in Data Warehousing. *Lecture Notes in Business Information Processing, 20 (2),* 292-297.

Neslin, S. & Shankar, V. (2009). Key Issues in Multichannel Customer Marketing: Current Knowledge and Future Directions. *Journal of Interactive Marketing, 23 (1),* 70-81.

Nissen, V. & Bayraktar, O. (2009). Informationsmanagement bei Kundenbeschwerden. *Praxis der Wirtschaftsinformatik, 2009 (266),* 80-89.

Papperitz, U. (2003). *CRM im Airlinebusiness – A Continuous Challenge. Ein Bericht aus einem großen CRM Programm.* CRM-Forum-Mai 2003-Zürich, Zugriff am 1. Dezember 2009 unter http://www.swisscrmforum.com/archiv/pdf/Deutsche_Lufthansa_AG_-_Udo_Papperitz.pdf

Park, M. Y., Dillon, W. T. & Mitchell, K. (1998). Korean Business Letters: Strategies for Effective Complaints in Cross-Cultural Communication. *Journal of Business Communication, 35 (3),* 328-345.

Pastowski, S. (2004). *Messung der Dienstleistungsqualität in komplexen Marktstrukturen. Perspektiven für ein Qualitätsmanagement von Hochschulen.* Wiesbaden: Gabler.

Pepels, W. (2008). Qualitäts- und Zufriedenheitsmessung als CRM-Basis. In Helmke, S., Uebel, M. F. & Dangelmaier, W. (Hrsg.). *Effektives Customer Relationship Management. Instrumente – Einführungskonzepte – Organisation.* (25-56). Wiesbaden: Gabler.

Pepels, W. (2008). Grundzüge des Beschwerdemanagements. In Helmke, S., Uebel, M. F. & Dangelmaier, W. (Hrsg.). *Effektives Customer Relationship Management. Instrumente – Einführungskonzepte – Organisation.* (103-118). Wiesbaden: Gabler.

Piccoli, G., Brohman, M. K., Watson, R. T. & Parasuraman, A. (2009). Process completeness: Strategies for aligning service system with customers' service needs. *Business Horizons, 52 (4),* 367-376.

Plinke, W. (1996). Kundenorientierung als Voraussetzung der Customer Integration. In Kleinaltenkamp, M., Fließ, S. & Jacob, F. (Hrsg.). *Customer Integration* (39-56). Wiesbaden: Gabler.

Pompl, W. (2007). *Luftverkehr. Eine ökonomische und politische Einführung.* Heidelberg: Springer.

Reichheld, F. & Sasser, W. (1999). Zero-Migration. Dienstleister im Sog der Qualitätsrevolution. In Bruhn, M. & Homburg, C. (Hrsg.). *Handbuch Kundenbindungsmanagement.* (137-150). Wiesbaden: Gabler.

Reichl, I., Mag. (2010). Persönliches Gespräch – Expertenbefragung, Customer Relationship Management in wirtschaftlich schwierigen Zeiten am Beispiel eines österreichischen Luftfahrtunternehmens (siehe Fragenkatalog – Expertenbefragung Anhang). Director Marketing, Leitung Marketingabteilung und Miles & More. Head Office der Austrian Airlines Group am Flughafen Wien-Schwechat, 18. März 2010.

Rojas-Méndez, J., Davies, G. & Madran, C. (2009). Universal differences in advertising avoidance behavior: A cross-cultural study. *Journal of Business Research, 62 (10),* 947-954.

Roll, M. (2004). *Strategische Frühaufklärung. Vorbereitung auf eine ungewisse Zukunft am Beispiel des Luftverkehrs.* Wiesbaden: DUV.

Rosemann, M., Rocheford, M. & Behnck, W. (1999). Customer Relationship Management. *HMD-Theorie und Praxis der Wirtschaftsinformatik, 208 (8),* 105-116.

Scharnbacher, K. & Kiefer, G. (2003). *Kundenzufriedenheit. Analyse. Messbarkeit. Zertifizierung.* München: Oldenbourg.

Schau, H. J., Gilly, M. C. & Wolfinbarger, M. (2009). The Resurgence of Identity Inspired Consumption in Retirement. *Journal of Consumer Research, 36 (2),* 255-276.

Schertler, W. & Tietz, D. (2004). Wertarchitektur von Low Cost Carriern in der europäischen Luftfahrt. In Zentes, J. & Swoboda, B. (Hrsg.). *Fallstudien zum Internationalen Management. Grundlagen – Praxiserfahrungen – Perspektiven* (757-772). Wiesbaden: Gabler.

Schmitt, C. (2008). Chancen für Loyalitätsprogramme durch das Internet: das Beispiel Lufthansa Miles & More. In Helmke, S., Uebel, M. & Dangelmaier, W. (Hrsg.). *Effektives Customer Relationship Management. Instrumente-Einführungskonzepte-Organisation.* (57-72). Wiesbaden: Gabler.

Schnauffer, R. & Jung, H. H. (2004). *CRM – Entscheidungen richtig treffen. Die unternehmensindividuelle Ausgestaltung der Anbieter – Kunden – Beziehung.* Heidelberg: Springer.

Schnecke, A. (2010). Persönliches Gespräch – Expertenbefragung, Customer Relationship Management in wirtschaftlich schwierigen Zeiten am Beispiel eines österreichischen Luftfahrtunternehmens (siehe Fragenkatalog – Expertenbefragung Anhang). Head of Business Sales, Leitung Business Sales & Corporate Business Sales Austria. Head Office der Austrian Airlines Group am Flughafen Wien-Schwechat, 18. März 2010.

Schöler, A. (2009). Beschwerdeinformation und ihre Nutzung. In Engelhardt, W. H., Fließ, S., Kleinaltenkamp, M., Meyer, A., Mühlbacher, H., Stauss, B. & Woratschek, H. (Hrsg.). *Focus Dienstleistungsmarketing.* (1-400). Wiesbaden: Gabler.

Schulze, T. (2002). Erfolgsorientiertes Customer Relationship Management (CRM) auf der Basis von Business Intelligence (BI)-Lösungen. In Helmke, S., Uebel, M. & Dangelmaier, W. (Hrsg.). *Effektives Customer Relationship Management. Instrumente-Einführungskonzepte-Organisation.* (233-256). Wiesbaden: Gabler.

Schumacher, J. & Meyer, M. (2004). *Customer Relationship Management. Strukturiert dargestellt.* Heidelberg: Springer.

Stauss, B. (2000). Rückgewinnungsmanagement. Verlorene Kunden als Zielgruppe. In Bruhn, M. & Strauss, B. (Hrsg.). *Dienstleistungsmanagement Jahrbuch 2000 – Kundenbeziehungen im Dienstleistungsbereich* (449-471). Wiesbaden: Gabler.

Stauss, B., Chojnacki, K., Decker, A. & Hoffmann, F. (2001). Retention effects of a customer club. *International Journal of Service Industry Management, 12 (1),* 7-19.

Stauss, B. & Nogly, F. (2009). Interkulturelle Unterschiede im Beschwerdeverhalten als Herausforderung des internationalen Beschwerdemanagement. In: Schmid, S. (Hrsg.). *Management der Internationalisierung* (321-342). Wiesbaden: Gabler.

Stauss, B. & Seidel, W. (2007). *Beschwerdemanagement. Unzufriedene Kunden als profitable Zielgruppe.* München: Hanser.

Sterzenbacher, R. & Conrady, R. (2003). *Luftverkehr. Betriebswirtschaftliches Lehr- und Handbuch.* München: Oldenbourg.

Stokburger, G. & Pufahl, M. (2002). *Kosten senken mit CRM. Strategien, Methoden und Kennzahlen.* Wiesbaden: Gabler.

Stein, A. & Smith, M. (2009). CRM systems and organizational learning: An exploraition of the relationship between CRM effectiveness and the customer information orientationof the firm in industrial markets. *Industrial Marketing Management, 38 (2),* 198-206.

Terlutter, R. & Kricsfalussy, A. (2006). Der Einsatz von Instrumenten im Rahmen des Relationship Marketings – Ergebnisse einer empirischen Erhebung. In Hippner, H. & Wilde, K. D. (Hrsg.). *Grundlagen des CRM. Konzepte und Gestaltung* (633-650). Wiesbaden: Gabler.

Thompson, J. (2006). What price loyalty? *Airline Business, 22 (3),* 52-53.

Töpfer, A. (2008). Konzepte und Instrumente für das Beschwerdemanagement. In Töpfer, A. (Hrsg.). *Handbuch Kundenmanagement. Anforderungen, Prozesse, Zufriedenheit, Bindung und Wert von Kunden* (819-860). Heidelberg: Springer.

Töpfer, A. & Mann, A. (2008). Kundenzufriedenheit als Basis für Unternehmenserfolg. In Töpfer, A. (Hrsg.). *Handbuch Kundenmanagement. Anforderungen, Prozesse, Zufriedenheit, Bindung und Wert von Kunden* (37-75). Heidelberg: Springer.

Trauboth, J. (2002). *Krisenmanagement bei Unternehmensbedrohungen: Präventions- und Bewältigungsstrategien.* Stuttgart: Boorberg.

Umbeck, T. (2009). *Musterbrüche in Geschäftsmodellen. Ein Bezugsrahmen für innovative Strategie-Konzepte.* Wiesbaden: Gabler.

Van Heerde, H. J. & Bijmolt, T. H. A. (2005). Decomposing the Promotional Revenue Bump for Loyalty Program Members versus Non-Members. *Journal of Marketing Research, 42 (2),* 443-457.

Verhoef, P. C. (2003). Understanding the Effect of Customer Relationship Management Efforts on Customer Retention and Customer Share Development. *Journal of Marketing, 67 (4),* S. 30-45.

Wang, I. C., Huang, C. Y., Chen, Y. C. & Lin, Y. R. (2010). The Influence of Customer Relationship Management Process on Management Performance. *International Journal of Organizational Innovation (Online), 2 (3),* S. 40-51.

Watson, G. H. (2009). Time to Sharpen These Blunt Instruments and Give Them to Some Living Spirits! *The Quality Management Journal, 16 (3),* S. 28-29.

Webhofer, M. (2009). Welche Instrumente der Kundenbindung werden zukünftig an Bedeutung gewinnen. *Cash, 2009 (9),* 34.

Werner, C. (2009). *Kundenwertorientiertes Customer Relationship Management als Determinante ökonomischer Kundenbindung.* Norderstedt: GRIN.

Werner, H. (2002). *Supply Chain Management. Grundlagen, Strategien, Instrumente und Controlling.* Wiesbaden: Gabler.

Wessling, H. (2001). *Aktive Kundenbeziehungen mit CRM. Strategien, Praxismodule und Szenarien.* Wiesbaden: Gabler.

Whitt, W. (2006). The Impact of Increased Employee Retention on Performance in a Customer Contakt Center. *Manufacturing & Service Operations Management, 8 (3),* 235-252.

Wicher, H. (2008). Kundenorientierte Organisationsformen. In Helmke, S., Uebel, M.F. & Dangelmaier, W. (Hrsg.). *Effektives Customer Relationship Management. Instrumente – Einführungskonzepte - Organisation* (313-324). Wiesbaden: Gabler.

Wilson, B. (2009). Congress Holds Hearing On Registered Traveler's Future. *Aviation Daily, 378 (2),* 6.

Winkelmann, P. (2003). Sales Automation – Grundlagen des Computer Aided Selling. In Hippner, H. & Wilde, K. D. (Hrsg.). *IT-Systeme im CRM. Aufbau und Potentiale* (301-332). Wiesbaden: Gabler.

Winkelmann, P. (2008). *Marketing und Vertrieb. Fundamente für die Marktorientierte Unternehmensführung.* München: Oldenbourg.

Wirtz, B. W. (2009). *Direktmarketing-Management. Grundlagen – Instrumente – Prozesse.* Wiesbaden: Gabler.

Witten, I. H. & Frank, E. (2005). *Data Mining. Practical Machine Learning Tools and Techniques.* San Francisco: Elsevier.

Woratschek, H., Horbel, C. & Popp, B. (2007). Identifikation von Servicelücken bei Dienstleistungsunternehmen. Die Anwendung des ISL-Ansatzes am Beispiel einer multifunktionalen Sportanlage. In Gouthier, M. H. J., Coenen, C., Schulze, H. S. & Wegmann, C. (Hrsg.). *Service Excellence als Impulsgeber. Strategien – Management – Innovationen – Branchen* (288-301). Wiesbaden: Gabler.

Wübker, G. & Buckler, F. (2002). Customer Relationship Management (CRM): Worauf kommt es an? *Direkt Marketing, 2002 (5),* 26-31.

Zineldin, M. (2006). The royalty of loyalty: CRM, quality and retention. *The Journal of Consumer Marketing, 23 (7),* 430-437.

Zingale, A. & Arndt, M. (2002). *Das E-CRM Praxisbuch. Was Sie über Customer Relationship Management im Internet wissen müssen.* Weinheim: Wiley-VCH.

ANHANG

Fragenkatalog Expertenbefragung

1. **Welche Aufgabe obliegt Ihnen in Ihrer Abteilung?**
2. **Was bedeutet CRM sowohl im operativen, als auch im analytischen und kommunikativen Bereich für Ihre Abteilung, und mit welchen Instrumenten arbeiten Sie?**
3. **Inwiefern haben die vorherrschenden wirtschaftlich schwierigen Zeiten Auswirkungen auf Ihren Bereich?**
4. **Wie wird Kundenbindung in Ihrer Abteilung generell betrieben?**
5. **Welche Qualitätskriterien setzt Ihre Abteilung an die Kundenbindung?**
6. **Inwiefern wird der Aspekt der Nachhaltigkeit in Ihren Aktionen dem Kunden gegenüber berücksichtigt?**
7. **In Krisenzeiten muss gespart werden, oftmals auf Kosten der Qualität: welche Auswirkungen hat dies auf den Kunden bzw. wie viel merkt er davon?**
8. **Die Loyalität des Kunden zum Unternehmen sinkt. Wie wird in Ihrer Abteilung diesem Loyalitätsproblem entgegengetreten?**
9. **Wie verhält es sich mit der Konkurrenz? Welchen Umgang pflegt Ihre Abteilung mit ihr?**
10. **Wie steht Ihre Abteilung zu Kundenbindungsprogrammen, und gibt es eigene? Werden diese Programme a) ausgebaut, b) gehalten oder c) reduziert?**
11. **Gibt es in wirtschaftlich schwierigen Zeiten Projekte innerhalb Ihrer Abteilung bezüglich Kundenbindung?**

Fragenkatalog Expertenbefragung - Kurzzusammenfassung

1. **Welche Aufgabe obliegt Ihnen in Ihrer Abteilung?**

   → Befragt wurde das Management entlang der Kundendienstkette, vertreten durch:

   → *Dr. Andreas Bierwirth:* Member of the Executive Board

   →*Mag. Peter Baumgartner:* Vice President Customer Service & Product Management

   → *Wolfgang Ebner:* Director Customer Relations

   → *Katja Ecke:* Business Indoor

   → *Walter Feldkircher:* Product Strategy / Customer Research

   → *Mag. Sonja Feldmann:* Product Management, Lounge Product

   → *Christian Hölbl:* Senior Manager Quality & Process Management

   → *Mag. Isabella Reichl:* Director Marketing

   → *Alexander Schnecke:* Head of Business Sales

2. **Was bedeutet CRM sowohl im operativen, als auch im analytischen und kommunikativen Bereich für Ihre Abteilung, und mit welchen Instrumenten arbeiten Sie?**

   → Im operativen Bereich wird die Kundenbindung in Form des Vielfliegerprogramms Miles & More betrieben, auch das Beschwerdemanagement hat einen wichtigen Bestandteil und sieht sich als letztes Bindeglied, bevor der Kunde verloren geht.

   → Im analytischen Bereich wird vor allem das Tool des Vielfliegerprogramms Miles & More verwendet, im Sales Bereich kommen bereits Instrumente des Verbundvertriebes gemeinsam mit Lufthansa und Swiss zum Einsatz.

   → Im kommunikativen Bereich werden Call Center betrieben, jedoch zurzeit ausgesourct. Dafür werden Kommunikationsplattformen zur schnellen und modernen Informationsvermittlung aufgebaut.

3. **Inwiefern haben die vorherrschenden wirtschaftlich schwierigen Zeiten Auswirkungen auf Ihren Bereich?**
   → Die wirtschaftlich schwierigen Zeiten haben große Auswirkungen auf das gesamte Unternehmen und somit auch auf die einzelnen Bereiche, jedoch in unterschiedlicher Stärke. So sind in manchen Bereichen kaum, bzw. nur geringfügige Einschnitte durchgeführt worden, wie etwa im Marketingbereich oder bei den Kundenbindungsprogrammen. In anderen Bereichen hingegen wurden große Einschnitte durchgeführt, die auch für den Kunden spürbar waren, wie etwa in der Kundenservice- und Produktabteilung oder beim Qualitätsmanagement.
4. **Wie wird Kundenbindung in Ihrer Abteilung generell betrieben?**
   → Als wichtigstes Instrument der Kundenbindung innerhalb der Austrian Airlines Group gilt das Vielfliegerprogramm Miles & More. Darüber hinaus findet die Kundenbindung im Business- und Leisure Salesbereich mit eigenen Incentiveprogrammen statt, wie etwa dem CIP, dem CLP, den CNR oder auch dem PPB und dem SACS.
   → Die Kundenbindung gilt als Primärhaltung für alle Mitarbeiter und muss durch alle Abteilungen getragen werden. Das Set-Up der Austrian Airlines Group ist die Kundenbindung und wird als essentiell angesehen, um den Unternehmenserfolg nachhaltig abzusichern. Auch gilt die Ausrichtung nach außen hin zum Kunden als oberstes Ziel.
5. **Welche Qualitätskriterien setzt Ihre Abteilung an die Kundenbindung?**
   → Die Austrian Airlines Group gilt als Qualitätscarrier, und daher werden auch die Qualitätskriterien an die Kundenbindung als wichtig erachtet und dort, wo es möglich ist, auch umgesetzt. Durch die wirtschaftlich schwierigen Zeiten wird jedoch auch eine Kostenreduktion vorgeschrieben, die definitiv auf Kosten der Qualität durchgeführt werden. Die Sollbruchstelle herauszufiltern, an der das Unternehmen zu viel an Qualität reduziert hat und der Kunde abwandert, gestaltet sich schwierig, da es keine Erfahrungswerte gibt. Hier ist die externe Wahrnehmung durch Medien wichtig, diese Berichte gibt es aber zurzeit nicht. Daraus lässt sich schließen, dass die Sollbruchstelle noch nicht erreicht ist.

6. **Inwiefern wird der Aspekt der Nachhaltigkeit in Ihren Aktionen dem Kunden gegenüber berücksichtigt?**

   → Die Nachhaltigkeit wird in allen Bereichen als wichtig gesehen, aber bezogen auf die kritischen Wirtschaftsverhältnisse gilt es oftmals als angebracht, auch kurzfristige Aktionen durchzuführen. So arbeiten von den befragten Bereichen fünf definitiv nachhaltig und sehen die Nachhaltigkeit als Basis sämtlicher Entscheidungen. Drei Bereiche halten die Nachhaltigkeit hoch, müssen aber auch kurzfristige Aktionen durchsetzen, und eine Abteilung kann zurzeit den Faktor der Nachhaltigkeit gar nicht berücksichtigen.

7. **In Krisenzeiten muss gespart werden, oftmals auf Kosten der Qualität: welche Auswirkungen hat dies auf den Kunden bzw. wie viel merkt er davon?**

   → Generell gilt der Tenor, dass der Kunde von den wirtschaftlich schwierigen Zeiten und den dadurch notwendig gewordenen Einsparungen nichts spüren sollte. Da die Einschnitte aber teilweise vehement waren, ist dies nicht mehr vermeidbar, und es wird versucht, mittels Kundenbefragungen die Auswirkungen abzuklären und aufzufangen, indem man die Faktoren ausfindig macht, die für den Kunden entbehrlich sind und diese dann reduziert. Vom Kundendialog her hat der Kunde keine Einschränkungen erfahren müssen.

8. **Die Loyalität des Kunden zum Unternehmen sinkt. Wie wird in Ihrer Abteilung diesem Loyalitätsproblem entgegengetreten?**

   → Als Unternehmen hat man es mit dem hybriden Kunden, der auf der einen Seite marken-, auf der anderen Seite preisbewusst agiert, zu tun, welcher nicht mehr klassisch einzuordnen ist. Die „Geiz-ist geil"- Mentalität überwiegt, und der Kunde blickt vermehrt auf seinen eigenen Nutzen. Er gilt als preisgetrieben und hat am Markt genügend Angebot zur Auswahl, um das gleiche Produkt auch zum günstigeren Preis zu bekommen. Der Wettbewerb und der Preis zählen, die sinkende Loyalität ist der gesellschaftliche Megatrend, wird jedoch vom Unternehmen in den Zielwert aufgenommen. Bei all diesen Betrachtungen muss man sich jedoch als

Unternehmen trotzdem die Frage stellen, wie viel der Kunde wegen der Loyalität mehr zahlt.

9. **Wie verhält es sich mit der Konkurrenz? Welchen Umgang pflegt Ihre Abteilung mit ihr?**

   → Generell betreibt jede Abteilung Benchmarking. Lufthansa und Swiss gelten als Mitbewerber und Softkonkurrenz, mit denen das Unternehmen eng zusammenarbeitet und ein offener Austausch stattfindet. Vor allem die Billigfluglinien, die ebenfalls den Heimatmarkt bedienen, gelten als härteste Konkurrenz und werden genau beobachtet. Darüber hinaus muss jeder Bereich wissen, wo das Potential am Markt oder bei der Kundenbindung liegt, damit ein Vorteil gegenüber der Konkurrenz geschaffen werden kann.

10. **Wie steht Ihre Abteilung zu Kundenbindungsprogrammen, und gibt es eigene? Werden diese Programme a) ausgebaut, b) gehalten oder c) reduziert?**

    Wenn es Kundenbindungsprogramme gibt, dann werden diese gehalten oder sogar partiell ausgebaut, da diese als essentiell angesehen werden. Reduziert wurde nur im Eventbereich, darüber hinaus sind keine Reduktionen angedacht.

11. **Gibt es in wirtschaftlich schwierigen Zeiten Projekte innerhalb Ihrer Abteilung bezüglich Kundenbindung?**

    → Es gibt auch in wirtschaftlich schwierigen Zeiten Projekte innerhalb der Austrian Airlines Group, jedoch gelten diese zumeist Themen mit dem Lufthansa-Konzern gemeinsam. Dabei wird vor allem auf eine Adaptierung der Systeme wert gelegt, gerade im Bereich der CRM-Instrumente. Einige Projekte wurden aber doch aus Kostengründen eingestellt.

Fragenkatalog Online-Passagierbefragung

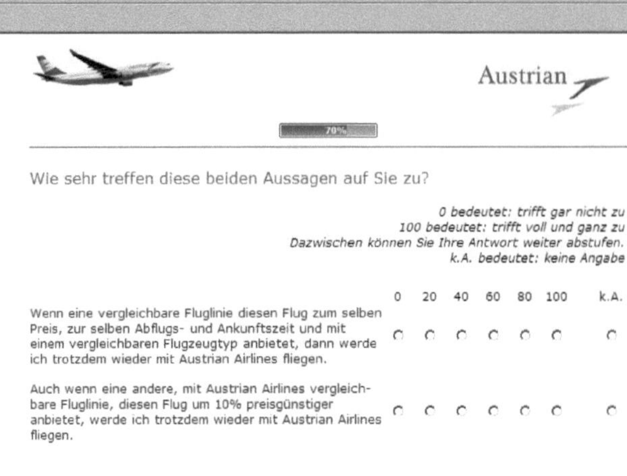

Austrian

70%

Wie sehr treffen diese beiden Aussagen auf Sie zu?

0 bedeutet: trifft gar nicht zu
100 bedeutet: trifft voll und ganz zu
Dazwischen können Sie Ihre Antwort weiter abstufen.
k.A. bedeutet: keine Angabe

	0	20	40	60	80	100	k.A.
Wenn eine vergleichbare Fluglinie diesen Flug zum selben Preis, zur selben Abflugs- und Ankunftszeit und mit einem vergleichbaren Flugzeugtyp anbietet, dann werde ich trotzdem wieder mit Austrian Airlines fliegen.	○	○	○	○	○	○	○
Auch wenn eine andere, mit Austrian Airlines vergleichbare Fluglinie, diesen Flug um 10% preisgünstiger anbietet, werde ich trotzdem wieder mit Austrian Airlines fliegen.	○	○	○	○	○	○	○

Weiter

Austrian

73%

Wie sehr treffen diese beiden Aussagen auf Sie zu?

0 bedeutet: trifft gar nicht zu
100 bedeutet: trifft voll und ganz zu
Dazwischen können Sie Ihre Antwort weiter abstufen.
k.A. bedeutet: keine Angabe

	0	20	40	60	80	100	k.A.
Wann immer im Freundes- und Bekanntenkreis, oder am Arbeitsplatz, über Flugreisen oder Fluglinien gesprochen wird, empfehle ich Austrian Airlines.	○	○	○	○	○	○	○
Alles in allem war mein Flug mit Austrian Airlines ein sehr angenehmes Erlebnis, das ich in guter Erinnerung behalten werde.	○	○	○	○	○	○	○

Weiter

Austrian

93%

Das Preis-/Leistungsverhältnis

Bitte geben Sie an, wie sehr diese Aussage zutrifft.

0 bedeutet: trifft gar nicht zu
100 bedeutet: trifft voll und ganz zu
Dazwischen können Sie Ihre Antwort weiter abstufen.
k.A. bedeutet: keine Angabe

	0	20	40	60	80	100	k.A.
Für den bezahlten Ticketpreis habe ich angemessene Gegenleistungen erhalten: Der Flug war das Geld wert.	○	○	○	○	○	○	○

Weiter

Printed by Books on Demand GmbH, Norderstedt / Germany